KB009581

돈을 빌리지 말고 지혜를 빌려라

인간이 로봇과 다른 점은 의지의 능력이 잠재 하는 것!

돈을 빌리지 말고, 지혜를 빌려라

Do Not Borrow Money, Borrow Wisdom

다이라 데쯔오 **지음** ㅣ 박정숙 **옮김**

"삶의 성공을 위한 13가지 지혜!"

순서를 알고, 순서에 따르는 것은 지식의 힘이며 지혜를 만드는 일이다.

브라운힐
BrownHillPub

돈을 빌리지 말고,
지혜를 빌려라

1판 1쇄 인쇄 | 2018년 09월 05일
1판 1쇄 발행 | 2018년 09월 10일

지은이 | 다이라 데쯔오
엮은이 | 박정숙
펴낸이 | 브라운힐
서울시 마포구 신수동 219번지
대표전화 (02)713-6523, **팩스** (02)3272-9702
등록 제 10-2428호

© 2018 by Brown Hill Publishing Co. 2018, Printed in Korea

ISBN 979-11-5825-041-6 03190
값 13,000원

*무단 전재 및 복제는 금합니다.
*잘못된 책은 바꾸어 드립니다.

책머리에

　달에 떼 구름, 꽃에 비구름 ……

　자연에 4계가 있듯이 인생에도 변화하는 봄과 가을이 있다. 순경이 있는가 하면 역경도 있고, 성공도 있는가 하면 실패도 있다. 사회로 처음 진출했을 때는 야심에 불타고 자신에 넘쳐서 일과 부딪혀 나아간다. 이 세상이 나를 위해서 있는 것이 아닌가 하는 그런 용기로 무엇이든 해보고 싶어서 참을 수가 없다.

　그러나 젊은 사람들은 생각하기보다는 행동을 먼저 앞세운다. 그것이 젊음이다. 좋다고도 할 수 있고, 나쁘다고도 할 수 있다.

　그러나 그러한 용기에 넘쳐서 출발한 젊은 사람이 일단 어떤 벽에 부닥치면 다른 사람처럼 기가 약해져 버리고 만다. 거기서 자포자기를 하든가 노이로제에 빠진다. 이제는 다 틀렸다고 체념해 버리고는 다른 생활 방식으로 도피해 버리는 사람도 있다.

　그래서는 성공을 바랄 수가 없다. 인생은 모두가 전기의 연속인 것이다. 실패도, 막다름도 인생 전기의 하나라는 것을 알고 있어야 한다.

걸어가서 우측이나 좌측으로 돌아갈 수 있는 그런 길이라면 별다른 고생이 없을 것이다. 막다름에 이르러 벽에 부딪혔을 때 '이래도 좋고 저래도 좋으니 부딪히면서 나간다'는 정신으로 혈로를 개척하는 것만이 참된 성공의 길이 열릴 수 있다.

그러나 공연히 역경이나 비운에 도취한다는 것은 현자가 취할 수 있는 행위라고 말할 수 없다.

역경을 전기로 생각하고 그것을 어떻게 극복해 나갈 수 있는가? 비운 속에서 어떠한 방법을 취할 것인가? 이 전기에 대처할 수 있는 사고방식, 행동만이 다음의 성공과 실패를 좌우하게 된다. 이것만이 역경에 직면해 있는 인간이 취해야 할 가장 합리적인 삶의 방법이다. 역경을 그저 회피하지 않고 냉정하게 그 본질을 분석하여 그 대책을 골똘하게 생각하는 태도가 가장 중요한 것이다.

생각하고 또 생각하고, 익히고 또 익히는 것만이 비로소 전기(轉機)를 승기로 만들 수가 있다. 예를 들어, 단돈 1전 한 푼 없더라도 훌륭한 자기의 머리는 어느 때라도 붙어 있다. 오직 지혜만이 멸하지 않고 살아갈 수 있는 자본이자, 재기하는데 최대로 의지할 수 있는 것이다.

인간이 로봇과 다른 점은 의지의 하나로서 능력이 2배나 3배로 증진할 수 있다는 것이다. 화재가 발생했을 때, 보통 때는 들어 올릴 수도 없었던 옷장을 끌어낼 수 있는 것도 인간의 의지인 힘의 작용이다. 역경에 놓인 인간이 그것을 정복하기 위해서 부단한 지력과 행동력을 몇 배라도 사용할 수 있는 것도 바로 그 때문이다.

거기서 처음으로 자기 능력의 한계를 뚫고 전진하고 성장하며 새로운 힘을 몸에 간직할 수 있게 되는 것이다.

살지 않으면 안 된다. 이기지 않으면 안 된다. 역경이나 비운 같은 것을 겁내야 할 건가?

자, 그럼 꽃도 비바람도 밟고 넘어 강하고 현명하게 살아가야 하지 않겠는가.

다이라 데쯔오

| 차례 |

책머리에

1

능력의 한계를
타파해 나가는 것

1

능력의 한계를 타파해 나가는 것

자기를 다른 사람보다 우월하게 할 것

인간의 능력에는 큰 변화가 있는 것이 아니다. 이따금 대단한 천재가 나타나는 예도 있지만, 그것은 고작 백만 명 중에 한 사람꼴에 불과한 것으로 복권을 사서 일등에 당첨되는 것과 같다. 그러므로 자기가 백만 명 중의 한 사람에 해당하는 천재라고 과대평가하는 사람은 한 장의 복권을 사서 당첨금을 꿈꾸고 있는 바보나 다를 바 없다.

인생의 승부를 내는 것은 자기의 소질이 아니라 노력에 달려 있다. 그러니까 자신의 인생에서 위기를 만났을 때, 이것을 훌륭하게 헤쳐 나갈 수 있는 사람은 소위 수재 형이 아니라 착실하게 노력하는 사람이다.

예를 들어, 수재 형은 자신을 높이 평가하면서 과신한 나머지 평소에 공부를 게을리하며 술을 마시고 밤을 새우는 등의 쓸데없는 시간을 낭비하기 일쑤지만, 노력 형은 하루에 한 시간이라도 반드시 독서를 하며 공부한다. 하루에 한 시간이라고 하지만 그것이 수년 동안 계속 이어진다면 커다란 차이로 나타나게 된다. 노력 여하에 따라서 그것이 기초적인 밑거름이 되어 커다란 도움이 되어 주는 것이다.

처음 취업하여 직장에 나간 직장인은 우선 그 직장의 규칙에 적응해야 한다는 것을 먼저 생각하게 된다. 다음으로는 그 직장의 동료들과 사귀는 일에 노력한다. 이러한 태도를 일관하다가 자신이 생각한 것처럼 모든 일이 뜻대로 안 되면 불만이 쌓이게 되고 속도 달아오르기 시작한다. 그러는 가운데 직장에 차차 적응해 감에 따라 어떻게 하면 자기를 다른 사람들보다 우월하게 보여서 좋은 지위를 차지할 수가 있을까? 하는 일에 머리를 쓰게 된다. 두 가지의 욕구를 조화시켜서 어느 쪽도 다 잘해 보려고 하는 것이 '성공의 노력'적인 행위가 되는 것이다.

직장의 규칙을 몸에 익히고 자신을 다른 동료보다 우월하게 보이려면 어떻게 하는 것이 좋은가?

그것은 일반적으로 자기 계발과 자기 통제에 적극적으로

노력해서 자기의 재능을 발휘하는 것이다.

그러나 일부 신입 사원은 이렇게 말하고 있다.

"나는 입사 첫날에는 공부해야 한다는 것을 통절하게 느꼈다. 하지만 2~3일이 지나고 나니 몸과 마음이 피로해지면서 몸이 말을 듣지 않았다. 1개월이 지나면서 상사의 몰이해에 화를 내기에 이르렀고, 동료들을 사귀기 위해서는 많은 시간이 필요했다. 그래서 취직을 한 후에 공부한다는 것은 아무래도 무리라는 생각을 하기에 이르렀고 끝내는 집어치워 버리고 말았다."

여기서 노력 형인 사원의 말은 다음과 같다.

"정말 그대로 바쁜 나날이었다. 그래서 공부할 수 있는 시간을 도저히 낼 수가 없었다. 하지만 하루 중에 버스를 기다리고 있는 시간, 휴식시간 그리고 식사 후의 시간을 다시 한번 잘 검토해보니 제법 시간의 낭비가 있었다. 시간을 찾아보려고 노력을 하면 반드시 공부할 수 있는 시간을 찾아낼 수가 있었다."

시간이 없다고 생각하면 절대 공부할 수 있는 시간을 찾아낼 수 없는 것은 당연한 일이다. 자기 계발을 위해서는 발뺌하려는 자세나 이유를 내세우려 해서는 안 된다. 적극적으로 현상을 타개해 나가는 용기가 없으면 아무 일도 성사시킬 수 없다. 환경에 순응해가면서 한편으로는 용기를 내 자기를 내세우는 일이 노력형 사원이 취해야 할 길이다.

돈을 빌리기보다는 지혜를 빌려라

노력이란 닥치는 대로 말처럼 마차를 끌며 일하는 것이 아니다. 어떤 현상을 머리로 열심히 생각하는 것도 노력이다.

오늘날의 사람들은 어떤 일을 생각해 내려는 습관을 지니려 하지 않고 다른 사람이 생각해 낸 것에 안이하게 편승해 가려고만 하는데, 이러면 자신의 힘으로 자신을 내세우지 못하게 된다.

자기 형성, 그리고 인간 형성이 얼마나 자기의 능력을 발전시키는가? 그것은 다른 사람에게 맡긴다고 되는 것이 아니다. 결국은 자신이 해야 한다는 중요한 사실을 잊고 있다.

또한, 자기 눈앞에 일어난 문제의 벽이 가로 놓여 있을 때, 그 문제에 대해서 충분히 생각해 보고 머릿속에서 결론을 내리는 일이 필요하다. 그것도 자기의 상황에 맞게 해야 한다. 소위 주관적으로 생각하면 아무것도 안 된다. 상대의 문제라면 상대의 입장에 서서, 그리고 제 3자인 다른 사람들은 어떻게 볼 것인가에 대해서도 생각해 보지 않으면 안 된다. 먼저는 생각하는 일에 노력해야 한다. 그리고 그 생각을 더욱 올바른 것으로 하기 위해서는 다른 사람의 의견을 듣는 것도 매우 중요하다. 가난 속에서 출발하여 고심참담 끝에 잡지 왕까지 성공한 고단샤(講談社)의 창업주인 노마 초대 대표이사의 말이다.

고단샤(講談社) 출판사 전경
동경 메트로로 고코쿠 지역에 위치하고 있는 고단샤는 1909년에 노마 세이지가 설립한 출판사로 현재 일본 최대 출판사 중의 하나이다. 만화, 잡지, 웹툰, 음반 회사까지 산하에 두고 있어 출판산업의 선두 주자로 '오토와 그룹'을 이루고 있다.

"나는 일찍이 내가 실제로 어려움에 빠져 있을 때 돈을 빌려주는 것은 고마운 일이지만, 돈도 빌려주지 않고 설교 같은 충고를 해주는 것은 지금 당장 어떠한 수단도 되지 못하기 때문에 시간 낭비라는 생각밖에 하지 못했다.

후에 다시 생각해 보니 그것이 친절한 사람이 한 말이라면 그 설교는 돈과 같고, 그 이상 고마웠던 것으로 그 말을 듣지 않으려고 했던 것이 나의 잘못이라는 것을 깨닫게 되었다.

인생의 지혜는 돈보다도 귀중하다. 다시 말해서 돈을 빌리기보다는 지혜를 빌리는 것이 가장 현명한 일이다. 돈을 빌리든 돈을 만들든 간에 어디까지나 순서를 갖고 해야 한다. 그 순서를 알고, 순서에 따르는 것은 지식의 힘이며 지혜를 만드는 일이기도 하다. 무슨 일이든 보통의 정도나 상태 이상의 일을 하려면 보통의 정도나 상태 이상의 돈이 필요하지는 않다.

다만 보통의 정도나 상태 이상의 지혜는 필요하다."

생각하는 지혜, 이것은 자기의 노력으로 누구든 가질 수 있는 최대의 자본이 아닐까?

문제를 반복하여 결론을 내린다

"무능한 사람이 아무리 궁리를 해도 명안은 떠오르지 않는다"라는 속담이 있다. 아무리 생각해 봐도 좋은 지혜가 떠오르지 않으면 차라리 잠을 자는 편이 좋을 것이라는 뜻이지만, 이 속담은 숙려(熟慮)단행이라기보다는 우선 실행이 생각보다 먼저라고 하는 행동파 사람들이 입에 담는 속담이다. 행동에 앞서 먼저 생각하는 일을 게을리해서는 안 된다. 생각할 여지도 없이 행동을 일으키면 기회를 놓치게 된다. 살다 보면 행동 먼저 해야 할 것 같

은 상황이 올 수도 있다. 그런 순간일수록 신중
히 생각해야 한다.

예로부터 일본에서는 양복을 기성복이라고
해서 경멸했었다. 양복점에서 양복을 맞추어 입
지 않으면 제구실을 하는 신사가 되지 못한다는
관습이 있었다. 그래서 하급 샐러리맨이나 신입

맥아더 장군과 히로히토 천황
(1945 9월 27일 도쿄에서)

사원이 아니면 좀처럼 기성복을 사 입지 않았
다. 태평양 전쟁 후, 미국의 영향으로 기성복 만
능 경향이 찾아 들자, 전진(前進)이라는 상품명
으로 기성복을 제조해서 판매에 성공한 가다야
마는 자신이 사업가로서 실패한 경험이 한 번도
없다는 것을 자랑으로 삼고 있다.

태평양 전쟁 (1941~1945)
독일이 세계 2차 대전을
일으키자, 동남아시아를
식민지화기 위해 일본은
독일과 연합군이 되었
다. 일본이 1941년 미국
하와이에 있는 진주만을
공격하자, 미국과 일본은
본격적으로 전쟁을 치르
게 된다. 미국이 두 차례
에 걸쳐 히로시마와 나가
사키에 원자 폭탄을 투하

"나에게는 기사회생이라는 고생담은 맞지 않 하자, 일본은 1945년 8월
15일 무조건 항복했다.
는다. 수표 마감 날에 쫓겨서 이리저리 뛰어 본 일도 없고, 제품이
과잉되어 식은땀을 흘려 본 일도 없다. 이것은 내가 항상 한 걸음 앞
서서 생각을 잘하고 행동했기 때문이었다."

가다야마는 대표란 '생각하는 기계의 발명'이라는 표현을 했

도쿄 긴자 거리 풍경

도쿄 긴자는 세계 4대 황금 상권 중의 하나로 꼽힌다. 아직도 100년 이상 된 상점이 130여 개나 남아 성업 중이다. 그들의 진정한 목표는 '진짜 물건을 최고로 만들어서 판다는 것'이다.

다. 회사업무를 끝내고 집으로 돌아온 후에 부인이 말을 걸어도 아무런 대답을 하지 못할 때가 종종 있을 만큼 생각을 많이 한다. 때때로 엉뚱한 곳을 물끄러미 바라만 보고 있다. 그것은 회사 대표로서 가다야마가 가장 멋지게 일하고 있을 때의 모습이다. 잠자리에 누웠을 때나, 길을 걸어가고 있을 때나, 차를 타고 있을 때나, 물끄러미 생각에 몰두해 있는 모습이 가다야마 대표이다. 그리고 머릿속에서 반복하여 문제의 결론을 내린 해답은 목욕탕에 들어가 있을 때 '번득'하고 떠오르게 된다. 이처럼 생각에 생각을 거듭한 끝에 비로소 일에 착수하기 때문에 당황하는 일이나 소란을 피우게 되는 그런 사건은 발생하지 않게 되는 것이다.

올바른 결단을 내리게 하는 것

그런데, 모든 사업가, 샐러리맨들이 그처럼 아무 탈 없이 비즈니스를 할 수 있는 것은 아니다.

인생에는 뜻하지 않은 사건 사고가 발생할 수 있다. 갑자기 중요한 거래처가 자연재해로 도산하는 일이 있는가 하면, 회사의 기둥으로 무한 신뢰하던 전무가 외국 출장 중에 비행기 사고로 비명에 가는 일도 있다. 그럴 때 위기를 뚫고 나갈 수 있는 결단이 필요한 것이다. 그렇다면 결단이란 무엇인가? 선택이다. 양자택일이라는 말이 있다. 가령 A 거래처와 B 거래처 중에서 한 거래처를 선택해야 할 경우, 어느 거래처를 선택할 것인가를 좁혀 나가다가 단(斷)을 내리는 것이 곧 결단이다. 결심에 쫓긴 나머지 충분히 생각하지 못하고 조급하게 내린 결정으로 내린 선택은 충실하지 못한 선택임을 뜻한다. 그 선택이 잘못되었을 경우가 많고 시간이 흘러 장애가 나타나기 시작한다.

그것은 사업에 있어서나 자신의 개인적인 영역에서나 커다란 마이너스를 가져다주게 된다.

인생은 모든 선택의 연속이라고 해도 좋다. 그 선택에 있어서 최선의 올바른 결단을 내릴 수 있느냐 없느냐에 따라 그 사람의 인생이 성공인가 실패인가가 구분될 수 있다.

선택해야 할 상황이 올 때, 올바른 결단을 하기 위해서는 항상 충분히 생각하는 것이 중요하다. 그러기 위해서는 박식해야 하며 지혜가 뒤따라야 한다. 노력 형이 빛을 발할 때가 바로 이때이다. 항상 독서와 공부를 해 온 탓에 올바르게 생각할 수 있는 능력을 몸에 지니게 되어 수재형과 비교해 별 차이가 없게 된다. 수재형은 대부분 자신의 두뇌를 믿고 직감으로 결단을 내린다. 반면 노력 형은 충분히 머릿속에 생각해 두었던 것에 의해 결단을 내리기 때문이다. 또 수재형은 자기 자신의 성격에 영향을 받기 쉽다. 자신의 직감으로 선택하기 때문에 아무래도 자신이 좋아하는 쪽으로 끌리게 되는 것이다. 가령 부하를 채용할 때에도 이유 없이 마음이 가는 사람을 선택하고 마음에 들지 않는 사람은 피하려고 한다.

노력 형은 단순히 인상만 보지 않고 상대의 성격이나 사고방식 그리고 역량 등을 충분히 검토한 후 회사의 한 일원으로 만드는 것이 플러스가 될 것인가? 마이너스가 될 것인가를 심사숙고한 끝에 결단을 내린다. 좋은 약은 입에 쓰다는 속담이 있다. 요령이 있고 호감을 주는 사람보다는 언뜻 보고 별로 끌리지 않는 사람이 성실하고 회사에 유용한 경우가 많다. 수재형은 입에 단 약만 먹고 싶어 하므로 실패하는 것이다.

기업가가 자금에 쫓기고 있을 때, 돈이라고 하면 눈빛이 변해 올바른 판단력을 상실한다. 가령 어떤 사람이 '당신이 하는 사업에 30억 정도를 투자하고 싶다'라고 하기라도 하면 지옥에서 수

호천사를 만난 것 이상으로 기뻐할 것이다.

수재형이라면 자신이 잘나서 투자하는 줄로 착각하고 '세상에는 달콤한 사람도 있기 마련이다'하고 넙죽 달려들겠지만 노력 형은 생각하고 또 생각하고 나서 선택하는 것이다.

그럴싸한 미끼를 덥석 물기보다는 우선 깊게 생각하면서 상대의 의도를 충분히 검토해 보고 결정하므로 큰 위험해 미리 대비하는 것이다. 그리고 자금을 도입한 후에는 사업의 장래와 자기의 위치가 어떻게 될 것인가를 생각해 본다. 예를 들어, 30억을 출자해주는 상대가 불순한 동기가 있지 않다고 하더라도 그 자금의 도입 때문에 사업이 대발전을 이루었을 때 출자자에게 사업의 생살여탈(生殺與奪)의 권한을 빼앗기고 자기는 고용인의 한 사람으로 하락하고 만다면 절대 성공한 사람이라고 할 수 없을 것이다. 자금이 필요한 것은 사실이지만, 대표로서 경영권을 유지하고 싶다. 그러면 어떤 수단으로 그 자금을 도입하여 사용할 것이며 자신의 지위는 어떻게 유지할 수가 있는가? 그것을 명쾌하게 해결할 수 있는 방안이 나온 후 선택해야 되는 것이다.

사업이 도산되려고 할 때, 다른 출자자를 찾아내서 가까스로 위기를 모면했다고 하더라도 그 출자자에게 경영권을 뺏기는 것도 모자라 자리에서 쫓겨나게 되는 상황이 발생한다. 그런 경영자는 그처럼 중요한 것을 갈림길에서 충분히 숙고하지 않고 결단을 내린 사람들의 경우가 대부분이다. 그런 결단은 절대로 올바른 결단이라고 말할 수 없다.

충분히 생각하고 또 생각하여 올바른 결단을 내릴 수 있는 인간만이 최후의 승리를 얻을 수 있는 자격자다. 그 자격은 꾸준한 노력과 공부가 되어 있는 사람에게는 틀림없이 진가를 발휘하게 되는 것이다. 수재형만으로는 인생의 사지(四肢)에서 벗어날 수 없다. 인생의 길모퉁이에서 올바른 진로를 선택할 수 있는 사람, 그것은 어디까지나 노력 형이 되어야 한다는 것이 첫째 조건이다.

아무리 시시한 일이라도 최선을 다하라. 거기서 길이 열린다

어느 회사에 남자라면 누구라도 반할 만큼 아름다운 여직원이 있었다. 아쉽게도 그 여직원은 이미 같은 회사에 근무하고 있는 K 군을 사랑하고 있었다. 그는 다른 남성과 비교할 때 너무 보잘것없어 보였다. 게다가 오락과 유흥에는 전혀 관심이 없는 사람으로 클럽에 가는 일도 없거니와 볼링, 마작, 골프에도 취미가 없었다.

한마디로 숙맥같은 샐러리맨이었다. 외모도 그다지 매력 있는 스타일도 아니었고, 재력이 있는 것도 아니었다. 끌리는 데라고는 도무지 한 군데도 찾아볼 수 없었다.

어느 날 회사 직원들이 'K 군의 어디가 좋다고 사귀는지? 바보스럽고 머저리 같아 보이는데 도무지 이해 불가'라는 험담을 우연히 듣게 된 여직원은 "만약 여러분이 K 군이 열정적으로 일하는 모습을 유심히 관찰하게 된다면 그가 얼마나 멋진 사람인지 알게 될것입니다." 라고 당당하게 말했다.

남자는 일에 열중하고 있을 때, 남성으로서 가장 매력이 넘쳐 보인다는 사실을 기억하라. 그 여직원도 K 군의 그런 모습에 매력을 느끼게 되었고 사랑하게 된 것이다. 아무리 시시한 일이라도 자기의 역할로 주어진 이상 최선을 다하는 그의 근성에 마음이 끌렸을 것이다.

노력가란, 자신을 위해서 준비한 식사를 가장 맛있게 먹는 사람이다. 주어진 식사를 맛있게 먹을 수 있는 여유를 가진 사람은 진실로 행복을 느낄 줄 아는 사람이다.

'이건 뭐야!' 하고 맛없는 표정으로 마지못해 수저를 움직이고 있는 샐러리맨이 무척 많을 것이다. 참으로 딱한 사람들이다. 직장에 적응해 자기 계발을 목표로 하는 것이 노력 형 샐러리맨이지만, 그렇다고 그것을 위해서 자기의 욕망을 끝없이 펼쳐 나가서도 안 된다.

　욕망이 무조건 나쁜 것만은 아니다. 적절한 욕망을 갖는 것은 동기 부여도 되고 사회생활에 필요하다. 욕망이 없으면 누구도 진보하지 못하고 퇴보해 버리고 만다. 필요한 것은 자기 자신이 적절히 조절하여 현재 자신의 상황에 맞게 최선을 다해 노력하는 것이다. 자신의 욕망을 처해있는 현실의 모습과 균형을 맞추지 못하고 무조건 달리기만 한다면 이것 또한 자멸의 길로 가지 않는다는 것을 누가 장담할 수 있겠는가?

　항상 사회생활의 문제는 외부에 있는 것처럼 생각하기 쉽지만, 근본은 자신의 내부 – 마음가짐에 있다는 것을 잊어서는 안 된다.

물러날 때는 깨끗이 물러나서 찬스에 대비하라

　출간한 소설은 베스트셀러가 되고, TV에서도 인기 프로로 자리매김을 할 수 있었던 도쿠가와 일대기는 어떤 이유로 사람들의 시선을 끌 수 있었을까?

　이 수수께끼를 푸는데 열쇠가 될만한 것은 와세다 대학의 교수인 우꾸다 박사가 수십 년 전에 발표한 도쿠가와 이에야스의 평(評)일 것이다.

도쿠가와 이에야스
(1543년~1616년)

에도 막부의 창업자이자 초대 쇼군으로 오다 노부나가, 도요토미 히데요시와 함께 전국 일본의 삼 영걸로 불린다.
정치, 경제에 탁월해 난세를 헤친 그가 후세에 남긴 교훈이다.

"사람의 일생은 무거운 짐을 지고 먼 길을 가는 것과 같다. 서두를 필요가 없다. 자유롭지 못함을 늘 곁에 있는 친구로 삼는다면 부족할 것이 없다. 마음에 욕심이 생기면 궁핍했을 때를 생각하라. 인내는 무사장구의 근원이요, 분노는 적이라 생각하라."

"이 세상에서는 위대하면서 평범하게 살아온 사람들도 많다. 더구나 이런 사람들의 성공은 천재라고 불리는 사람들의 성공보다 더 뛰어나 보일 수 있다. 도쿠가와의 성공은 사업에 있어서나 치부(致富)에 있어서나 천재의 성공이라기보다 평범한 사람의 성공으로써, 많은 사람들은 오히려 그 점을 도쿠가와에게 배웠을 것이다.

그는 자기의 천분(天分)을 알고 굽힐 때는 굽히고, 뻗을 때는 뻗고, 타인이 힘을 떨칠 때 굳이 그 세력과 다투지 않았을 뿐 아니라 그들의 성공을 방해하지도 않았으며, 오히려 돕고 성원하여 후일의 기회를 조용히 기다리고 있었던 것이다.

여하한 경우에서도 그는 매우 열성적이었다. 방심하지 않고 다음 기회를 대비했으며, 특히 아무리 괴로워도 우는소리를 하지 않았고, 자포자기도 하지 않았다. 그의 최대의 재능은 그저 인간으로서 뛰어나게 있는 힘을 다해서 노력하는 것이었고 평생 끈기 있게 참고 나갔다

는 것이다. 이것은 오늘날에도 사업이나 치부의 길에 있어서 확실
한 성공의 토대가 된다.

어느 날 도쿠가와가 측근들을 향해 '금을 만들어 낼 수 있는
나무를 알고 있는가? 내가 가르쳐 주마!' 하고 나무줄기를 세
토막으로 나눈 나무의 그림을 그려 놓고 위에는 '모두가 적합
하게, 중간에는 정직하게, 뿌리에는 자비로움'이라고 썼다.

그러자 풍류의 대가로 알려진 호소가와가 그 좌우에다가 4개
의 가지를 그려 놓고 오른쪽 위로부터 '일찍 일어나기, 떳떳하고
깨끗하게, 강한 인내심, 방심하지 말 것, 왼쪽 위로부터는 '돈벌
이, 낭비가 없게, 보양(保養)이 좋아야 하고, 가내의 화목' 이에
도쿠가와는 '으음' 하고 신음을 흘렸다고 하는데, 아마도 후세
사람들이 만들어 낸 말일지도 모른다.

갑자기 닥쳐와도 이런 것쯤하고 '꾹' 참아 나간다

도오큐의 창업자이자 태평양 전쟁 중에는 군수 대신을 역임
한 고지마는 별명이 강도경태(强盜慶太)라고 불릴 정도로 의지
강한 심장을 유지했다. 특히 사업 면에서 그 심장은 탁월하게 사

업성을 발휘했다. 자기 심장이 강한 원인에 대해 고지마는 생전에 이렇게 말했다고 한다.

"누구든지, 자신을 쓸모없는 사람으로 결정해 놓으면 제대로 일이 될 리가 없다. 자만해서도 안 되지만, 자존심과 자신감은 무슨 일에든 절대 필요하다.

마음을 야무지게 먹고 머릿속에는 저항력을 길러 놓아 뜻하지 않게 갑자기 닥친 일을 꾹 참고 나갈 수 있어야 한다. 나는 옛날, 고등사범학교에서 가노우 교장의 윤리 강의를 들은 적이 있다.

가노우 선생의 강의는 처음부터 끝까지 '요까짓 것'이라고 하는 반항력의 고취였다. 이 말은 선생의 유도에서 비롯된 체험적인 가르침으로써 이겨도 요까짓 것, 패해도 요까짓 것이라고 하는 정신이었다. 그러니까 득의냉연(得意冷然)이고, 실의태연(失意泰然) 그것이었다. 그리고 인간에게 있어서 무엇이 가장 중요하냐고 물어도 '요까짓 것'이라고 하는 분발심처럼 중요한 것은 없다. 어떠한 일에 부닥치더라도 그것만 잊지 않으면 훌륭하게 이겨 낼 수 있다. 앞세우는 것이 돈이라 할지라도 그것은 뒤에 생각할 일이다."

사업상에 있어서 어떤 위기에 직면하더라도 그는 이 가노우

선생의 가르침을 시종일관해 나갔던 것이다.

"신념을 가지고 해 나가기 위한 일에는 여러 말들이 있기 마련이
다. 그런 것을 일일이 해명하다 보면 아무 일도 하지 못한다"

그렇게 말하던 그는 누가 뭐라고 해도 '요까짓 것'으로 일생을
관철해 나가면서 훌륭한 업을 남겨 놓고 세상을 떠났다.

뜻을 이루려면 하나의 신념을 가지고 관철해 나갈 때, 세간에
떠돌고 있는 소문에 지나친 신경을 써서는 안 된다.

'요까짓 것'이라는 일념만이 자기의 능력 한계를 뚫고 나갈
수 있는 강한 신념이자 근본이다.

돈을 빌리지 말고 지혜를 빌려라

2

싫은 상사의
부하가 되었을 때

2
싫은 상사의 부하가 되었을 때

신입 사원은 풋장기 장기꾼만큼도 못한가

샐러리맨들이 모이는 장소에서 화제는 뭐니 뭐니 해도 상사에 대한 욕이다. 상사에 대해 욕하는 것이 유독 재미있는 것은 사실이다. 그 상사를 욕하는 배경에는 자신이 정당하게 인정받지 못하고 있다는 생각이 깊게 깔려 있다. 그것이 표면적으로는 욕으로, 험담으로 나타나 발산되는 것이다.

이런 현상에 대하여 기업의 인사과장은 한마디로 말했다.

"아무리 무능한 사람이라도 자기는 유능한 샐러리맨이라고 생각하고 있는 것이죠!"

무능인가, 유능인가는 누가 어디서 꼬리표를 붙여 주는 것인가? 그것은 바로 상사이다. 상사는 너무나 무책임하게 꼬리표를 붙여 버리기 때문에 그로 인한 반감도 나타나는 것이다. 한번 붙여지면 끝이나 다름없기 때문이다. 사람에게 한두 번의 실패는 있기 마련이다. 또한, 능력이 있는 사원을 단 한 번의 실수로 무능하다는 꼬리표를 붙여 놓고 제대로 활용하지 않는 것은 상사의 책임이 아닌가? 하는 견해도 있다.

아무리 자기는 무능하지 않다고 믿고 있어도 역시 사람에게는 장기로 예로 들자면, 말(馬)과 같은 남자, 상(象)과 같은 남자, 차(車)와 같은 남자, 그리고 졸(卒)과 같은 남자들도 있기 마련이다. 장(將)의 주변에 갈 수 없는 것이라면, 그것으로써 그 천분(天分)을 십분 자랑으로 삼고 살아갈 수 있는 시스템이 있으면 좋은 일이지만, 현재의 기업 체계로서는 그것도 여의치 않다. 더구나 가장으로서는 책임이 무겁고 회사에서는 서로가 밀어 떨어뜨리려는 경쟁 시대에 있는 현재의 샐러리맨의 상황은 마치 바늘 방석이라도 앉아 있는 것 같이 늘 불안한 마음일 것이다.

회사에 처음 입사했을 때는 대표이사가 만면에 웃음을 띠고,

"너희들 신입 사원이야말로 우리 회사의 최대 재산이다"

라고 추켜올린다.

그러나 다음날부터 태도가 싹 달라진다.

대표이사나 중역들은 자본주의의 정글 속에서 자신들의 회사를 지켜내기 위해, 또 회사의 주가를 1원이라도 올리기 위해 필사적으로 분발해야 하므로 신입 사원 등에는 풋내기 장기꾼만큼도 생각하지 않는 것이다.

기업이나 관청에서는 후진을 사랑한다고 한다. 그런 사람들을 지도한다는 박애 사업은 직장 그리스도의 변덕스러움일 뿐, 대부분 장(長)으로 취업하는 사람들은 자기 자신의 근무 평가와 입신출세 이외에는 아무것도 안중에 들어오지 않는 것이 통례이다.

지식이나 경험이 풍부한 선배가 그런 마음가짐으로 후배 사원에게 무관심하다는 것은 큰 비극이라고 할 수밖에 없다.

다음으로는 '시대 감각의 차이'라는 갭도 있다. 기업의 핸들은 구 시대에 태어난 사람들이 잡고 있다. 명치 시대의 남성들이 아무리 총명하고, 아무리 많은 공부를 했다 하더라도 소화 시대에 태어난 남성과는 근본적으로 맞지 않고, 명치시대의 사람들은 현대의 시대와 맞지 않는다.

이들 매니저의 대부분은 대정 시대의 남성들이다. 대정 시대의 남성은 소화 시대의 남성과 합금을 시킬 수 있는 것도 있지만, 그렇지 못한 것도 있다. 결국 이질임에는 틀림이 없다. 이질의 것은 어떤 방법을 다해도 하나로 융합이 될 수 없다.

대학의 이사장과 학생의 언쟁을 위시하여 멍키 댄스부터 신형 수영복의 디자인까지 반드시 시대의 차이를 느끼게 될 것이다.

결국, 회사에 있어서는 크고 작은 일상생활의 토픽을 찾아내더라도 호텐토트족의 한 가운데에 불시착한 슈바이처처럼 소수의 동료 이외에는 말이 통하지 않는 데에 곤혹을 치르게 된다.

그러나 한번 붙은 꼬리표를 떼어 버리려고 노력은 해 봤는가?

시대의 차이는 있을지라도 그들이 쌓아온 빛과 같은 지혜를 배우라!

상사의 앵무새 론

악명 높은 처는 60년 흉작이라고 말하지만, 샐러리맨이 되어 마음에 들지 않는 상사 밑으로 배치되었을 때, 역시 30년 정도의 흉작이라 말할 수 있다. 그러나, 그러한 상사 밑에 배치되었다고 한탄만 하고 주저앉아 버리면, 그 사람은 결국 인생의 패배자가 되어 버리고 만다. 이에 대처해 나갈 수 있는 길은 세 가지 방법의 전략밖에 없다.

첫째는, 도꾸가와 이에야스 식으로 은인자중하며 '두견새가 울 때까지 기다리자'는 마음을 먹고 그 원수 같은 상사가 다른 곳으로 전출되기를 끈질기게 인내하며 기다리는 것이다.

둘째는, 도요토미 히데요시 식으로 '울게 해보자'라는 마음을 다부지게 먹고 그 상사에 대해 강력히 저항하여 끝내는 그 상사를 떠나게 하는 전략이다.

도요토미 히데요시
(1537년 ~ 1598)

아케치 미쓰히데의 반란으로 주군인 오다 노부나가가 죽자, 배신자를 죽인 후 이 일을 계기로 일본 국내 통일을 달성했다. 1592년 조선을 침략했으나 패배했다. 도요토미가 1596년 사망하자, 도꾸가와 이에야스가 집권을 하게 된다.

셋째는, 동료들과 단합해 그 싫은 상사를 추방해 버리고 만다는 초 적극책으로 곧 '죽여 버리고 말라'의 오다 노부나가 식의 방법이다.

그러나, 결론은 세상은 내 뜻대로 되는 것이 아니다. 자신에게 꼭 맞는 안성 맞춤형 상사는 없다. 설사 있더라도 그런 상사가 있는가 하면 처음부터 끝까지 싫은 상사도 있다. 그러므로 싫은 상사를 자기편으로 만들기 위한 도량과 기술을 반드시 연마해야 한다. 도꾸가와 이에야스가 처음부터 노부나가, 히데요시 같은 눈 위의 혹처럼 불편한 사람이 없었다면, 도꾸가와 3백 년의 역사는 없었을 것이다. 그런 불편하고 싫은

오다 노부나가
(1534년 ~ 1582년)

도요토미 히데요시의 주
군이었고, 한 때는 전국
통일하려는 야망을 가지
고 있었다. 오다 노부나
가 주군을 쳐서 그 영토
와 지위를 빼앗는 불명예
스러운 일을 저지른 적이
있는데, 자신의 부하 아
케치 미쓰히데 배신으로
전국통일의 꿈을 눈앞에
두고 혼노지에서 죽음을
맞게 되었다.

상사 밑에서 연마를 했기 때문에 훌륭한 막부
(幕府)를 이끌 수 있었던 것이다.

자신의 속마음을 감추지 못하고 겉으로는
수긍하는 체하는 경원시하는 태도는 상사의 마
음을 점점 적의로 가득 차게 만든다. 전심으로
상사의 특성을 파악하여 능동적으로 대처하
는 것이 지혜로운 처세이다. 가령, 아무리 사
소 일이라도 일일이 자기에게 보고하는 것을
좋아하는 도량이 넓지 못한 상사라면 보잘 것
없는 일이라도 빠뜨리지 않고 보고해 주라.

그의 마음은 매우 기뻐하며 적의 아닌 호의
로 채워지게 될 것이다.

더해서, 상사의 상급 상사와 말할 수 있는
기회가 온다면 상사를 모략하는 것이 아니라 반대로 '회사의 사
소한 것까지 일일이 챙기는 세심한 사람이며 신중하게 일을 처
리한다'라고 귀띔해 준다. 지혜로운 간부라면 그런 말을 한 당신
의 뜻을 파악하고 당신을 눈여겨보게 될 것이다. 머지않아 당사
자인 본인의 귀에 들어간다면 그의 마음은 더욱 당신을 신뢰하
게 될 것이다.

다른 사람을 통하여 그가 한 행동을 알게하는 것은 회사에는 그의 특성을 슬그머니 알게 할 수 있고, 당사자는 자신에 대해 좋은 말을 한 것이기 때문에 싫어할 이유가 없다. 어떤 상황에도 기회를 잘 포착하는 지혜가 필요하다.

상사와의 대립을 뛰어넘는 열쇠

상사와 사원과의 관계는 단순히 상사와 사원만 있는 간단한 체계가 아니고, 상사도 상사를 모시고 있으므로 그 역시 상사의 체제 아래에 있다. 그러니까 상사로서 지시할 수도 있지만, 또한 지시를 받는 처지인 것이다.

또한, 피아로 나누어지는 상사 대 사원의 대립, 또 개개의 싸움에 있어서도 오직 아군편, 적군편하는 간단한 것이 아니고, 소위 양다리를 걸친 사람이 있는가 하면, 아군의 일부가 적중에 스파이로 잠입하여 표면적으로는 적과 함께 행동하고 협력해 나가면서 비밀리에 아군에게 정보를 흘려주는 적인 동시에 아군인 사람도 생긴다.

그러므로 대립물(代立物)의 통일이라고 하는 기본적인 관계만을 문제 삼을 것이 아니라 그 통일이 대립물의 매개 관계에 있어서 서로 침투하는 형태를 취하여 발전해 가는 대립물의 상초 침투의 법칙까지도 이해하지 않으면 안 된다.

상사 대 부하의 대립을 극복해 나갈 수 있는 열쇠는 바로 이런 법칙에 있다.

상사에 대한 기분 전환법

미국의 정신과학자인 하드 박사가 발견한 자동 조정법(自動調整法)은 일본에서도 기분전환법이란 제목으로 번역되어 많은 부수가 판매되었다.

이 책에 따르면 '자기에게 위협을 주는 인물과의 관계를 처리하는 데 효과적인 방법'이 소개되어 있다. 이에 따르면, 내부적인 마음에 다음과 같은 암시를 부여하는 것이 좋다고 한다.

"이 다음에, 네가 그렇게 어려운 인물과 대인관계를 가지게 될 경우 그는 너에게 이해나 신중 또는, 서로의 협력이라고 하는 감정을 일으킬 수 있는 자극제가 될 것이다.

이렇듯 당신을 약이 오르게 하는 사람에 대한 반항은 그의 문제와 목적에 대한 마음으로부터 관심이며 그 관계를 좀 더 의미 있는 것으로 바꾸어 노력하는 자기 자신의 활동에 수반되는 신체적인 변화인 것이다."

이 기분전환에 대한 상세한 것은 이 책의 설명에 미루겠지만, 십분 편안한 태도로 자기의 마음속에서 지각(知覺)의 모터로서 움직이고 있는 부분을 제외시킨다.

그러니까 지각신경과 수의근육의 양쪽을 안정하게 하고 일정한 시간 동안 기능을 잃게 한다. 그리고 나서 일정한 주문(呪文)과 같은 말을 입 속에서 되풀이하며 주의력을 집중시켜 새로운 행동력을 만들 수 있는 강한 지시를 부여하는 것이다.

그리고 자기 몸이 공기 속에 떠 있는 것같은 기분이 되었을 때, 예(例)와 같은 암시의 말을 하고 자기가 생각하고 있는 가장 현명한 방향에다 에너지를 쏟는 방법이다.

그리고 자기에게 위협을 주고 있는 인물(상사)을 하나의 자극으로 생각할 때는,

· 타인의 좋은 협력자가 될 수 있도록 성질을 바꾸고, 반대로 협력자로서 어울리지 못하는 나쁜 성질을 없애도록 노력한다.
· 타인의 비판에서 유익한 점을 배운다.

· 함께 일을 하는 사람에게 우정 있는 이해를 가지고 접할 것.

· 자기 능력의 한계를 솔직하게 인정할 것.

그렇게 하면, 그 범위 내에서 새롭고 기쁨에 넘치는 관대한 생활이 스스로 열리게 된다. 이런 순서에 따라서 기분전환법을 적용함으로써 일을 성공 시킬 수 있는 기분으로 상승할 수 있는 것을 설명하고 있다.

이것은 정신적으로 상사에 대한 화합 내지 초월법(超越法)의 하나라고 말할 수 있다.

문제는 당신에게도 있다

일하다 보면 상사로부터 잔소리를 들을 경우도 있고, 더 심한 말을 들을 때도 있고, 가르침을 받는 경우도 생긴다. 이럴 때 몹시 불쾌하다. 그러나 상대는 자신의 일을 알고 하는 행동이므로 결코 화를 내는 듯한 태도를 보이면 안 된다. 대신 자기 자신도 일을 위해 적극적으로 되물어 보고 알아가는 일에 대해서 책임의 범위는 논할 수 있다. 이렇게 하는 것이 자기의 감정을 깨끗이 지워 버리고 담담해질 수 있다. 이것을 하지 못한다면 당당한 비즈니스맨이 될 수 없다. 가령, 귀찮게 묻거나 사소한 일까지 추구하는 일이 습관이 되면, 그것은 어디까지나 본심에서가 아니라 무의식적으로 비즈니스로서 자세를 지니게 된 행동이다. 그 자체가 비즈니스맨으로서 성장해 간다고 보아도 될 것이다. 더욱 중요한 것은 상사가 한 자신에 대한 평가를 왜곡해서 받아들여서는 안 된다.

우리는 일상적으로 자신의 재능을 평가해 가면서 생활하고 있다. 특히 일을 하는 직장에서 더욱 많아진다. 일이 잘 진행이 되지 않으면 나는 '희망이 없는 인간'이라고 풀이 죽던가. 상사로부터 조금이라도 칭찬을 받으면 어깨를 펴고 앞으로 중역까지 출세할 수 있다고 자부해 버리고 만다.

마치, 길바닥에 버려진 휴지와 같이 비에 젖으면 녹초가 되어버리고 햇볕을 받으면 어느 정도 제 모습을 찾는 것과 비슷하다. 자신에 대한 평가는 그와 같이 상황에 따라 그때그때 변화하기 때문에 좀처럼 적절한 평가가 나올 수 없는 것이다.

그러나 사지(死地)를 헤쳐 나와 성공한 사람들이 입을 모아 말하는 것은 세상에는 반드시 자기의 능력을 살릴 수 있는 방법이 있다고 한다. 그들은 훌륭하게 그것을 실행하여 성공한 것이다.

그리고 많은 패잔 자(敗殘者)는 너무 빨리 자기 일에 대해서 가망이 없다고 단념해버린 사람들이다.

재능이 많고 적음이 중요한 것이 아니라 자신의 재능을 어떻게 살릴 것인가가 가장 중요하다.

부림을 당하는 척하면서 상사를 리드한다

마음에 맞지 않는 상사에 대한 대책의 한 가지는, 그 상사와 동질이 되는 방법도 있다. 상사가 그 자리에 있는 동안만이라도 그 상사와 동질처럼 연기하는 것이다.

동질성은 신뢰를 굳히는 유력한 요소이지만 과연 어디까지 보조를 맞출 수 있는가가 문제다. 그뿐만 아니라, 동료들로부터 '사다새의 흉내를 내는 까마귀'라는 조소를 당할 우려도 있다.

'상사가 골프에 열을 올리고 있으니까 나도 골프 연습을 한다'는 무리한 교제를 하여 동조하려고 하는 것도 바로 이 타이프일 것이다.

그처럼 마음에 맞지 않는 상사의 부하로서 의연하게 개성을 주장하는 것도 또 하나의 대책인 것이다.

사회에서 자기가 생각하고 있는 것을 그대로 아무런 염려 없이 발언할 수 있는 사람, 다른 사람과 타협하지 않아도 자신의 생각을 주장할 수 있는 사람, 한편으로는 부러운 존재일 것이다.

오늘날 대부분의 샐러리맨들은 자신이 없는 탓인지 사회 속의 여러 가지 현상에 이끌려 가고 있는 듯하다. 사람의 마음을 얻기 위해서 저 쪽에도 이 쪽에도 아첨을 하기에 바쁘다. 대인관계에 있어서는 너무 신경질적이다. 상사로부터 욕을 먹으면 지나치게 비관을 하다가 갑자기 칭찬이라도 받으면 필요 이상으로 기뻐하며 그 상사에게 몽땅 심취해 버리고 만다.

그런가 하면 세상에 무슨 일이 생기면 제멋대로 떠들어 댄다.

신념이나 일정한 주견이 결여되어 있기 때문에 사람의 얼굴을 살펴 가면서 다수파나 기세가 좋은 쪽, 그리고 돈이 많은 쪽에 동조해 버린다.

신념이 있는 사람은 그런 사람들에게 꾸벅꾸벅 머리를 숙인다던가, 지나친 아첨을 하지 않더라도 자신이 생각하고 마음먹은 것을 소신껏 말해 가면서 살아간다.

그 정도의 자신감이 붙으려면 실력이 필요하다. 상사에게 아첨하지 않아도 "부적절한 이유로 동의 할 수 없습니다"라고 당당하게 말할 수 있는 역량이 있다면 주위 사람들이 높이 받들어 줄 것이다.

가령 상사로부터 '불손한 놈'이라고 백안시당하면 이에 대해

겁먹을 필요는 없다. 올바른 일로 거절을 했고, 그동안에 업무적으로나, 상사에 대한 예우에 있어서나, 한 치의 흐트러짐 없이 한행동으로 이미 깊은 신뢰가 단단히 쌓여있기 때문이다. 상사도 겉으로는 화를 내지만 내심 당신의 판단이 옳다는 것을 누구보다 잘 알고 있을 것이다.

오늘날의 샐러리맨은 단순히 경쟁적으로 지지 않으려고만 하다 보니 잘못된 방법으로 사람들에게 아첨하고, 아무에게나 비위 맞추는 일을 자연스럽게 하고 있다. 사람들의 눈치만 살피는 이런 사람은 노이로제에 걸려있어서 자신이 한 말이 마음에 걸려 밤잠까지 설친다. 자신의 말실수 때문에 자신의 비전이 괜찮을지 걱정이 되어 견딜 수가 없다. '상사에게 나쁜 느낌을 주어서는 안 되는데' 고심하다가 부자연스러운 수법까지 동원한다.

그 후에는 '그 상사가 경박한 놈이라고 생각하고 있지는 않은지' 끝없이 고민하고 후회를 반복한다.

이런 사람은 아무리 수재라 하더라도 30세 안팎에서 신심(信心)을 소모해 버리게 될 것이다.

상사에 대해 아무리 '막돼 먹은 놈'이라는 생각이 들어도 상사를 리드해 나갈 정도의 여유를 가지고 나가는 지혜가 필요하다.

아무리 싫은 상사라 하더라도 그 사람에게 이용당해 주는 것도 당사자가 알아채지 못하게 리드해 나가는 방법이다. 오히려 자신에게 집중하여 자신의 역량을 넓히고, 불쾌한 생각을 쿨하게 떨쳐버릴 수 있는 그런 상태까지 자신의 마음을 단련시키는 것이 중요하다. 언젠가는 상사에게 당당하게 소신껏 발언할 수 있는 그런 날이 올 것이라는 믿음을 가지고 열심히 역량을 쌓아가야 한다. 이것만이 상사와의 벽을 돌파해 나갈 수 있는 최상의 지혜인 것이다.

3

동료들에게
배신을 당했을 때

3
동료들에게 배신을 당했을 때

겉보기에는 친하게 웃고 있는 것 같지만

"부르터스, 너마저!" 이 말은 로마 제국의 카이사르가 자신이 총애하던 브르터스마저 배신하자, 칼을 맞고 죽어가며 신음하듯 내뱉은 마지막 말이다.

천하통일의 꿈을 앞에 둔 오다 노부나가가 부하인 미쓰히데의 배신 때문에 혼노지(本能寺)에서 비명에 죽은 것도 역사상 유명한 사건이다.

동서양의 역사를 보면, 신뢰하던 가까운 친구 때문에 패망한 일이 많다. '어제의 친구가 오늘의 적' 다소 충격적인 표현이지만 절대 잊어서는 안 된다. 정치가나, 실업가나, 그리고 한 기업체의 대표이사와 중역, 과장들, 또한 동기생과 얼굴을 맞대고 있는 사

율리우스 카이사르
(BC 100 ~ BC 44)
로마 공화정 말기의 정치
가이자로 민중에게 많은
인기를 얻었으나, 그의
개혁과 정권에 반대한 공
화정 원로파와 총애하던
부하 부트투스의 배신으
로 칼에 찔려 죽었다.

원들이 겉으로는 친절하게 웃으면서 대화를 나누지만 속으로는 서로가 서로를 견제한다는 사실을 잊어서는 안 된다.

옛날 중국에서 사용되고 있던 도구에 세 발의 청동 솥이라는 용기가 있다. 세 사람이 말하는 것을 '정담(鼎談)'이라고 하며, 세 개의 강한 세력이 들어서 있는 상태를 '정립(鼎立)'이라고 하는 것은 바로 여기에서 나온 말이다.

지금 여기에 세 명의 친구가 모여서 말을 하고 있던 중에 한 명이 급한 용무로 자리를 떠났다고 하자, 남은 두 사람은 자리를 떠난 사람에 대해서 이야기를 할 것이고, 또한 자리를 떠난 사람은 남아 있는 두 사람이 자기에 대해 이야기를 하고 있을지 모른다는 것을 마음에 두고 있을 것이다.

인간은 혼자 있을 때는 선한 사람이 되지만, 두 사람이 되면서 자연스럽게 서로에 대해 비교하며 경쟁의식을 갖는다. 다시 세 사람이 되면 비교, 경쟁, 질투, 쟁취 등 더 복잡한 경쟁의식들이 생긴다.

A, B, C의 세 사람이 있다고 할 때, A는 B와 C가 너무 친해질

것을 경계하고, B는 A와 C가 너무 친해지는 것을 경계하는 것이다. 거기에다 둘만이 은밀한 말을 주고받는 것을 보고 있는 나머지 한 사람의 마음속은 복잡미묘함으로 가득 차 있을 것이다.

여기에 D가 끼어서 네 사람이 된다면 A-C와 B-D의 그룹이 생겨 자연스럽게 편이 갈라진다. 네 사람 이상의 집단에는 반드시 파벌이 생긴다는 까닭도 바로 여기에 있다.

학창시절의 친구라면 몰라도 이해관계가 뒤엉켜있는 샐러리맨 사회에서는 자연스러운 일이다. 더구나 같은 일을 분담하고 있는 부서, 같은 동료들 사이에서는 그러한 인간관계가 악화되는 사례는 더 많다.

따라서 직장의 인간관계는 예외 없이 이러한 대립적인 감정에서 출발하고 있다는 것을 절대 잊어서는 안 된다.

이처럼 좌우 복배에 적을 가지고 있으면서 마음 놓고 일에 전념하는 것은 불가능하다. 그래서 이런 상황 속에서도 친구가 될 수 있는 상대를 찾아내 자신의 입지를 안전하게 굳히기 위해 동맹을 맺게 된다.

자기와 친구의 동맹은 공통된 적(단독 또는 복수)을 갖고 항상 그와 함께 대항하는 동시에 적의 압박으로부터 자기의 몸을 지키기 위해서 협동할 필요가 있기 때문이다.

우정은 가장 겁나는 존재다

동맹을 맺은 이상 뱃속까지 드러내 보이면서 상부상조를 해야 하겠지만 절대 그런 아름다운 인간애를 바랄 수는 없을 것이다.

제2차 세계대전 당시의 독·이·일 3국 동맹국과 영·미·소의 연합군이 각각 아군의 동지로서 서로의 속셈만 떠보고 있었던 것처럼 이익만 바라고 맺어진 친구는 항상 자신의 이익만 앞세우기 때문에 완벽한 협동이 어려운 것은 당연한 일이다.

공통된 적을 상대로 승리했다고 하더라도 동맹을 맺은 친구 중에 자기보다 능력이 뛰어난 사람이 있다면, 자신의 이익보다 더 큰 친구의 이익 때문에 이번에는 내부에서 새로운 다툼이 시작될 가능성이 크다.

그러므로 힘에 우열이 있으면 그것은 이미 순수한 협동의 형태를 이룰 수 없다고 봐야 한다. 결과적으로는 횡적 보다는 종적 관계가 되어 버릴 가능성이 크다.

그리고 직장에서의 우정이란 보신(保身)의 방법일 경우가 많다. 친구들은 고마운 존재이고 따뜻한 인간관계 등 예로부터 친구에 관해 많은 말들이 전해 오고 있지만, 사회로 나온 사람은 그것을 곧이곧대로 받아들여서는 안 된다. 분명히 그런 친구도 우정도 존재는 할 수도 있지만, 반대로 자기에게 가장 치명적일 수 있는 친구도 있다.

항상 경계하지 않으면 안 될 우정 있는 친구도 주변에 많다는 사실을 절대 잊어서는 안된다.

자본주의 사회에서는 눈앞에 있는 이익 때문에 예상치 못했던 배신을 아무렇지 않게 하는 경우가 많기 때문이다.

제2차 세계대전
(1939 ~ 1945)

제1차 대전 때는 일본은 영국과 동맹했지만 인도차이나 반도 등 자본이 많은 동남아시아를 차지하기 위해 적이 되었다. 제2차 대전 때는 독일과 이탈리아 3국 동맹을 체결했고, 영국, 미국, 소련 등의 연합국이 주축이 되었다.

그런 사람은 눈앞에서 시원하게 당하는 것을 보고 싶은 것이 인간의 본심이지만 , 자본주의 사회에서는 그런 사람이 잘되고 바보처럼 신의를 저버리지 않고 믿어 주었던 사람이 안되는 경우가 많다.

법정에서 다루는 사건 중에 가까운 친구 사이가 서로 적이되어 다투는 경우가 많다고 한다. 친구란 가장 고마운 사람이지만 한편으로는 모르는 사람보다 못한 더 큰 자기의 적이 될 가능성이 크다는 것을 보여준다.

바꾸어 말하면, 친구들은 서로 도와주는 동시에 상황에 따라 언제라도 적이 될 수도 있는 나약한 인간이라는 것이다.

계단을 오를 때의 위험

실제 사회에서의 경쟁은 생활과 지위와 명예를 건 투쟁이다. 더구나 봉건적인 사상을 가진 사람이 경영자라면, 능률을 증진시키는 한 수단으로서 평사원 사이의 경쟁을 일부러 부추기는 일까지 있다. 관청 등의 경쟁에서는 이긴 자는 영전을 하지만, 패배자는 미련 없이 사임하고 민간으로 돌아가지 않으면 안 된다. 마치 약육강식-아프리카 대륙의 맹수와 조금도 다를 것이 없다. 어제까지의 학생 신분으로 우정에 둘러싸여 인간의 성(性)은 선(善)이라고 믿고 빈둥대고 있던 몸이 뒤떨어지면 강자에게 먹히고 만다는 생각으로 생명을 내건 투쟁장 속에서 자신의 모습을 발견했을 때, 말할 수 없을 정도의 긴장감에 몸을 죄이고 말 것이다. 책상을 나란히 하고 같은 일을 하고 있는 동료에 대해서도 승급의 폭이 자신보다 1만원이라도 많거나, 보너스 차이가 난다면 그것을 원인으로 사이가 나빠지는 경우도 많다.

더구나 어제까지의 동료가 발령장 한 장으로 자기를 밀어제치고 내일부터 자신의 상사가 된다. 단 한 장의 종이로 어제까지의 횡적인 관계가 내일부터 종적으로 바뀐다면 허심탄회하게 '축하합니다'라고 말할 수 있을까?

직급을 단 상사와 평사원이라는 확실한 차별때문에 두 사람의 사이에는 지금까지 없었던 미묘한 감정이 생기는 것은 당연한 일이다. 상사가 된 쪽은 동정을 베풀 수 있을 정도의 여유가 있지만, 평사원 쪽은 동료의 승진을 아무렇지 않게 마냥 축하해 준다는 것은 정말 불가능한 일일 것이다.

만일 승진을 못 한 상대가 상사가 된 동료를 쿨하게 축하해 주었다면 그 마음속의 엄청난 소용돌이를 꾸욱~누르고 억지로 했을 가능성이 크다. 그 복잡한 심경을 억지로라도 이겨내지 못하는 세심한 배려가 결여된 사람이라면 상대적 박탈감을 갖게 되고 반드시 상사의 적이 되어 버릴 것이다.

함께 입사한 동료가 탁월한 능력이 있다면 그만큼 대우해 주는 것이 회사의 입장에서는 당연하다. 그러므로 동기생이라도 승진한 그를 보면 기분 좋은 일은 아니지만, 자신보다 능력이 뛰어나고 노력한 덕분이라고 인정할 것은 인정해야 한다.

'저 친구는 처세 때문에, 빽으로, 운이 좋아서'라는 말도 안 되는 이유를 붙인다면 그 상대는 이미 적이 된 것으로 보아야 한다. 친구를 사귈 때 많은 사람들 가운데 특히 이 사람을 골라서 친구로 만들겠다는 생각은 거의 갖고 있지 않다. 우연한 상황으로 만나게 돼서 친구가 되는 경우가 많기 때문이다. 따라서 그 마음속은 시험해 보지 않은 이상 잘 모르기 때문에 지내다 보면 남보다 성품이 못한 사람도 반드시 있기 마련이다. 그런 친구는 예외 없이 친구의 성공을 질투하고 궁지에 몰아넣으려고 할 것이다. 배신이란 갑자기 생기는 것이 아니고 계획된 경우가 많다.

그것을 눈치채지 못했을 경우 자신에게 커다란 충격으로 나타난다. 배신을 당한 쪽에서는 눈에 보이는 손해도 손해지만 마음의 상처 또한 크기 때문에 트라우마에 빠지게 되는 경우도 많다. 친구와 우정에 대해서도 인간적 본질에 대해 좀 더 생각하고, 다시 상대와의 인간관계, 상대의 심리에 대해서도 주도면밀하게 살핀다면 배신당하는 일을 사전에 방비할 수 있을 것이다.

배신을 딛고 더 큰 번영의 길로

마르만 대표이사인 가다야마가 단추를 제조하고 있을 때의 일이다. 평판이 좋아 아무리 많이 만들어 내도 물건을 댈 수 없을 정도로 성황을 이루었고, 종업원도 차차 늘어 창립한 지 1년 만에 사업이 자리를 잡았다.

이때 만주에서 귀환한 6명의 가족이 취직을 하지 못해 곤란한 상태에 있다는 말을 듣고 가다야마는 형제 두 사람을 채용했다.

형에게는 단추 만드는 하청 일을, 동생에게는 판매관리 일을 하게 했다. 그런데 동생에게 맡긴 매출입금이 점점 나빠지기 시작했다. 이유를 물으니 처음에는 도매상에서 현금만 지급해주다가 점점 외상거래가 늘었기 때문이라고 했다.

영업에는 익숙하지 못했던 가다야마는 그의 말을 그대로 믿었다. 그러나 입금 상황은 더욱 나빠져 갔다. 생산라인에서는 단추가 예정대로 생산되고 있어 운영자금이 늘어나고, 자금을 돌리는 것은 갈수록 어려워졌다. 사실을 알고 보니 가다야마의 우정어린 신뢰를 배신하고 두 형제는 수금한 현금을 자기들 호주머니 속에 챙겨 넣고 있었다. 거기다 가다야마에게 자금을 융통한 출자자랑 한통속이었기 때문에 횡령으로 소송조차 할 수 없었다.

마침내 가다야마는 결국 정(情)이 원수가 되어 회사를 탈취당한 채 한 장의 휴지조각처럼 내쫓기고 말았다.

순식간에 하루 세끼 밥조차 배부르게 먹을 수 없는 최저 생활자로 신분이 바뀐 것이다. 그러나 그는 여기서 자포자기하지 않고 재기를 위해 이를 악물었다. 그는 우선 백화점에서 짐 나르기부터 시작했다. 그러던 중 시계 밴드 제조로 활로를 찾아 마침내 가스라이터의 기업화에 성공하여 최고의 거부가 되었다.

가다야마는 그때 배신당한 경험을 계기로 기업경영 인간관계에 있어서 심사숙고하게 되었다. 가다야마는 새로운 노사관계로 경영자와 종업원의 공동번영을 목적으로 하는 경영법을 만들어 냈다.

호의를 베풀어준 친구에게 배신을 당한 젊은 시절의 힘든 경험은 그에게 있어서 가장 고통스러웠던 시기였지만, 동시에 더 크게 발전하게 되는 또 다른 번영의 길이 되었다.

4

직장이 싫어서
견딜 수가 없을 때

4
직장이 싫어서 견딜 수가 없을 때

한 회사에 일생을 거는 것이 미덕인가?

샐러리맨의 생활은 참을 인(忍)의 한 자에 끝난다고 한다.

오늘날의 젊은 샐러리맨의 대부분은 "자신의 실력을 충분히 발휘할 수 없다고 생각하는 불만"을 갖고 있다고 한다.

두 번째는 " 정당하게 평가받고 있지 못하다는 불만"

세 번째는 " 승진할 기회를 제대로 얻지 못한다는 불만"

어느 통계자료에 의하면 이런 불만이 92%를 차지한다고 한다. 이렇게 되면 샐러리맨의 생활은 불평과 불만에 가득 차 있는 생활이라고 해야 할지 모르겠다.

그들의 대부분은 현재 자기가 하는 일에 열중하기보다는 다른 일에 더 머리를 쓰면서도 뛰어난 재능이 없어 그 직업에 잘 적응하지 못하고 한쪽으로만 치우쳐 가는 현상을 보이고 있다.

전부터 샐러리맨은 한 가지 일로 한 회사에 자신의 일생을 더구나 가족까지 포함해 전부 거는 일을 미덕으로 여겨왔다. 그리고 그것만이 노후의 안정을 얻는 유일한 방법이었고, 소위 '종신고용' 또는 '이 군(二君)을 만나지 않는다'고 하는 봉건시대의 사상이 계속 지배하고 있었다. 그러나 그런 시대에서조차 샐러리맨들이 갖는 불만 불평은 오늘날과 별반 차이가 없는 것 같다.

오늘날에는 자신이 근무하고 있던 직장에서 이직하는 인식이 일반화 되었고 그것 또한 자신의 능력이라고 평가한다.

"미국에서는 자신의 직업을 대여섯 번은 바꾸고 있다"

이말은 전직이나 회사를 옮기는 일을 정당화하려고 하는 사람이 흔히 하는 말이지만, 분명히 그들에게는 지난날의 샐러리맨처럼 '이 군을 만나지 않는다'든가 '한 회사에 자기의 일생을 건다'고 하는 그런 생각은 약에 쓰려고 해도 보이지 않는다. 오히려 3회 이상 직장을 바꾸지 않으면 어엿한 한 사람의 샐러리맨으로 취급해 주지 않을 정도가 되었다.

그들은 전직이나 회사를 옮기는 이유는 경험을 쌓고 모든 업계나 기업의 운영방법을 연구하여 그것을 몸에 익히겠다는 목표를 가지고 있다. 그래서 어느 회사에서도 자리만 보존하는 안일한 태도가 아니고 자기의 전 능력을 발휘하여 조금이라도 자기의 능력을 고가(高價)로 팔아먹기 위해 노력하고 있는 것이다.

전직할 건가 그대로 머무를 건가?

그러나 그것을 흉내 내 너도나도 회사를 옮기는 일을 따라 하는 것이 옳은가? 최근의 젊은 샐러리맨은 단순히 눈에 보이는 합리적인 것만을 좋아하는 경향이 있다. 그러므로 자신이 현재 하는 일이나 기업 안에서, 자신의 존재감에 대해서 의문을 갖기도 하지만 주위의 불합리한 것만 눈에 보여 제대로 자신의 능력을 발휘하지 못한다. 결국, 일을 단순히 합리적으로밖에 보지 못하기 때문에 불합리한 부분이 커다란 영상(映像)이 되어 그 사람의 마음을 사로잡아 버리고 만다.

세상은 복잡한 것이다.

장년 (長年)이 되고 보면, 불합리하게 보이고 아무리 생각을 해도 납득이 가지 않는 상사의 일하는 방법을 충분한 시간을 가지고 냉철하게 관찰해 보기도 하고 또는, 직접 만나서 대화를 가져

보기도 한다. 그럴 때 대부분 그런 방법들을 이해하기 시작한다.

장님이 코끼리를 만져보는 것처럼 일의 전체를 보는 눈을 갖지 못한 채, 한 부분만을 가지고 마음대로 판단하는 것은 경솔한 생각이다. 더구나 현재의 직업이 자기의 성격에 맞지 않는다—등 그런 것은 지금까지도 대부분의 사람들이 젊었을 때에는 반드시 한번은 생각해 보았을 것이다. 사람의 성격은 그 사람의 환경과 노력 여하에 따라서 변화될 수 있다.

지금은 잘 나가는 중역에 위치에 있는 사람들도 젊었을 때 한번쯤은 자신의 직업에 대해 고심했을 것이다.

정말 일이 맞지 않아 이직한 사람도 있을 것이고, 뒤 늦게 실력을 발휘한 사람도 있을 것이다. 때로는 자신의 천직을 늦은 나이에 발견해 뒤늦게 꿈을 이룬 사람도 있다. 이 모든 선택은 현재 눈에 보이는 단순한 불만만 느끼고 판단하는 것을 넘어 전체를 보는 눈을 길러서 이룬 결과라고 할 수 있다.

샐러리맨의 인생은 마라톤 경주와 흡사하다. 뛰어난 능력과 환경에 혜택을 받지 못하는 한, 5~6년을 앞서 달리고 있는 사람을 추월한다는 것은 너무나 어려운 일이다. 같은 능력, 같은 방법으로 일을 한다면 최후에 가서 증명되는 것은 역시 그 사람이 이룬 경력과 이력이다. 그러므로 단순히 회사를 옮기고 전직을 하는 것은 그만큼의 핸드 캡을 등에 지고 있다는 것을 각오해야 한다. 이직한다는 것이 무조건 핸드캡만은 아니다. 아무리 열심히 일해도 장래에 승진 등 발전될 가망이 도저히 없다면, 아직은 작은 회사이지만 비전 있는 회사로 옮겨 자신의 능력을 마음껏 발휘해 보는 것도 좋은 방법이다. 그리고 주위와 협력하여 자기 계발에 좀 더 노력하면 보다 좋은 인생의 길이 열릴 것이다.

그러나 안이한 기분으로 미국식을 뒤쫓는다는 그런 들뜬 생각에서 회사를 옮기던가 전직을 하면 결국 자신의 길을 망치는 결과가 될 위험성이 크다.

푸념은 시간 낭비다

아무리 마음에 들지 않는 일이라도 그것이 왜 필요한가.

회사 전체의 계획 중에서 어느 정도 중요하고 왜 해야 하는지를 납득시켜 준다면 그나마 괜찮다.

아쉽게도 현실은 일방적으로 명령만 하고 눈앞에 일을 툭 던져준다. 그리고 누구도 왜 이일을 해야 하는지를 설명해 주지 않는다. 자신은 거대한 톱니바퀴 속에서 하나의 부속품에 불과한 것 같은 생각이 들 것이다.

모던 타임즈
(1936년 개봉영화)

찰리 채플린이 만든 무성영화로 직접 주연을 맡아 나사 조이는 일을 반복하는 공장노동자로 등장한다. 기계시대의 인간소외를 코믹하게 잘 드러낸 영화이다. 그는 1931년에서 1932년까지 세계여행을 하며 자동화, 실업이 인간에게 어떤 영향을 미치는지에 대해 너무나도 잘 알고 있었다.

그는 한 신문기자와의 인터뷰에서 "실업은 무엇보다 중요한 문제입니다. 기계는 인류에게 도움을 주어야 하지 그것이 비극을 불러오고 일자리를 **빼**앗아가서는 안됩니다." 라고 했다고 한다.

이미 각오한 일이지만 톱니바퀴의 전경을 볼 수가 없고 더구나 무엇 때문에 돌아가고 있는지를 전혀 이해하지 못하는 상황이라면– 앞이 캄캄하게 느껴질 것이다.

일찍이 채플린은 자작 영화 '모던 타임즈'에서 컨베이어 시스템 속에서 팔다리를 움직이지 않고 조작하는 인형이 되라는 요구를 받고 공장직원 역을 맡은 적이 있다.

이것은 인생에서 참 절망적일 것이다.

벽에 부딪히면 상황을 탓하기보다 먼저 자신의 실력이 부족하다는 것을 생각하고 노력해야 한다. 그래서 조금이라도 돌파구가 있으면 거기에 전력을 다해 본다.

가장 나쁜 상황은 부딪혀 보지도 않고 신세한탄만 하는 것이다.

대기업 대표이사로 해외까지 잘 알려진 요미우리 사주이자, 방송국 대표이사인 마사리끼는 일생을 통해서 어떤 역경에도 한탄 한 번 하지 않은 것을 자랑스럽게 생각한다.

"나의 인생관은 모든 일에 전력을 다하며, 그리고 실패를 하더라도 신세 한탄하는 말을 입 밖에 내지 않는 일이다.

내가 신세 한탄하는 말을 내 가족들도 들은 적이 없을 것이다. 우(愚)라고 하는 것은 어리석다는 것이며 치(痴)는 지식이 병이 된다고 하는 것이다. 그런데 그런 신세 한탄을 계속하고 있다면 이 인생을 어떻게 의미 있게 보낼 수 있겠는가.

나는 곧잘 사람들에게 신세 한탄을 하지 말라, 지난 일을 후회하지도 말라고 하는데,

요미우리 신문사(도쿄)
1874년 11월 창간

세계에서 가장 많은 판매 부수로 약 1000만부를 넘고 있다. 일본의 3대 일간지 중 하나로서 독자는 대체로 근로자 계층이 많다.

그것은 시간도 낭비되고, 몸도 쇠약해지며, 주위의 분위기까지 무겁게 만든다. 이것처럼 어리석은 짓은 없다고 생각한다.

대신에 할 때는 열심히 생각하고 전력을 다해서 자기가 할 수 있는 데까지 한다. 우리가 보기에 훌륭하게 성공한 사람은 절대 푸념 같은 것은 하지 않는다.

나는 그것을 본받아 신세 한탄이나 푸념을 하지 않겠노라고 스스로 다짐하고 조절하기도 한다.

사실대로 말하면, 그런 신세 한탄할 시간조차 없이 계속 일을 해 나가야 했다. 나는 절대 신세 한탄이나 푸념 같은 것은 안 하기 때

문에 다른 사람의 신세 한탄이나 푸념 또한 받아들이지 않는다"

이것이 그가 '신세 한탄하는 말을 하지 않는다'는 이유이다.

저 놈을 해고시킬 건가? 내가 회사를 그만둘 건가?

"직장의 동료와 뜻이 맞지 않아 회사를 그만둘 생각이다"
라고 말하는 친구들이 있다.

"동료라니? 네 옆 책상에 앉아 있는 그 안경 끼고 있는 남자?"

"그래."

"그러나 너 말이야, 그 사람은 너를 그렇게 생각지 않아. 그건
너의 지나친 생각이야"라고 말하면 얼굴을 붉히면서 화를 낸다.

"네가 어떻게 내 기분을 알아?

그 놈을 그만두게 하던지, 아니면 내가 이 회사를 그만두든
가……."

인간이란 감정이 격해지면 이성이 약해져 다른 데서 이성을
주입하려고 해도 주입되지 않는 것이다. 이런 상태에서는 본인
자신이 이성적인 행동을 하는 것 같지만 실제로는 정상적인 판
단이나 행동을 할 수가 없다. 직장에서 바람직한 협력관계가 이
루어지지 않을 경우 우리는 자기도 모르는 사이에 그 감정의 포

로가 되어 버린다. 이것이 원인이 되어 점점 사태를 악화시키는 일이 다반사다. 그러므로 그런 문제가 생겼을 때는 곧바로 행동하기보다는 시간을 두고 감정을 누그러뜨리며 그 후에 대책을 생각하는 것이 필요하다.

격앙된 감정은 운동하거나 독서를 하면 반드시 발산되어 가라앉기 마련이다.

미국의 흑인 차별은 유명하다. 제2차 대전 중에 백인 병사에게 흑인과 함께 부대를 편성해도 좋은지 의견을 물었을 때, 흑인과 함께 군대 생활을 해본 경험이 없는 병사는 90%까지 반대하고 나왔다. 그러나 함께 전쟁을 겪은 경험자는 87%까지 찬성했다고 한다. 이것은 같은 부대에서 생활했기 때문이라기보다는 서로가 대화를 나눌 수 있는 기회나 함께 행동할 수 있는 기회가 많았기 때문이다. 흑인에 대한 편견이 사라진 것과 함께 전쟁하면서 생사고락을 나눈 경험에서 비롯된 것이라고 할 수 있다.

인간은 대화나 함께 하는 행동을 통해서 상호 간에 깊은 이해를 할 수 있다. 공통적인 경험을 통해서 동질감을 형성하면서 공통의 화제를 갖는 것이다. 이 두 가지는 다른 사람과 협력 태세를 조성해 나가는 데 있어서 가장 효과적인 것이라고 할 수 있다.

자기의 결점을 상대의 탓으로 돌리고 있지는 않은가?

그렇게 해서 상호 간에 서로에 대해 이해를 하고 친밀하기 위해서는 자주 대화를 갖는 일이 중요하나 자기의 말만 하는 것이 아니라 다른 사람의 말도 잘 들어 주어야 한다. 일방통행적인 말은 서로를 이해하는데 전혀 도움이 되지 않는 것이다.

미국의 올리버·w·홈즈 판사는

"사람들과 관계를 잘 해나가기 위해서나, 호의적인 우정을 이어나가기 위한 기술로서 가장 효과적인 것은 공감이 담긴 이해 있는 태도로서 상대가 하는 말을 잘 들어주는 일이다. 잘 들어주는 상대가 돼준다는 '순수하고 단순한 마술' 사용하고 실제로 행동하는 사람은 극히 소수에 불과하다"

상대에게 말을 시켜보면, 상대는 어느 정도 마음속을 드러낼 것이고 그렇게 되면 상대가 무엇을 원하는지, 목적을 알 수 있게 될 것이다. 자신의 신중함이 상대의 말에 집중하게 되면 자의식이 과잉되거나 상대를 무시할 수도 없게 된다. 주위 사람들과 협조를 잘하지 못하는 사람은 반드시 자의식이 과잉되어 있는 사람이다.

자의식이 과잉된 사람은 마치 자동차로 도로를 질주할 때, 차창 밖에만 내다보고 있을 뿐, 창 앞에 있는 통로는 보려고 하지 않는 운전사와 같다. 그 차는 충돌을 면하기가 어렵다. 두 사람이 서로 충돌하는 것은 어느 한 쪽이 상대에게 주의하지 않고 자기 자신에게만 주의하고 있는 것이다.

올리버 웬들 홈스 주니어
1841년 3월 ~1935년 3월

미국의 가장 위대한 법 사상가로 꼽히며 연방 대법원 대법관을 역임했다. 간결한 의견과 입법을 존중하는 그의 지혜로운 판결은 역사상 가장 많이 인용되었다.
특히 명백히 현존 위험에 대한 판결은 가장 영향력 있는 판결로 평가받고 있다.

상대가 적이 될 때도 자신이 상대에 대하여 적의를 갖고 있던 것이 원인이 될 경우가 많다. '아무래도 저 자식은 느낌이 안 좋은 놈이다. 벌레도 좋아하지 않을 거다'라고 생각하면 그것이 상대의 마음속에 반영되어 상대도 이쪽을 '재수 없는 놈'이라고 생각해 버리고 말 것이다.

가령, 같은 회사의 같은 부서에서 같은 일을 하고 있더라도 인생관이나 성격에 커다란 차이가 있으면 상대를 이해하지 못하고 결국 적의를 품게 되고 만다. 또한, 열등감이 강한 사람은 상대에 대하여 열등감에서 오는 적의를 갖게 된다. 가난한 집안에서 자라난 것에 열등감을 갖고 있는 사람은 풍족한 가정에서 자란 동료에 대하여 적의를 갖기 쉽고, 학력이 별로인 것에 열등감을 느끼는 사람은 재능이 있는 인간에게 적의를 갖게 되어 있는 것이다. 그러나 상대에 대해서 적의를 갖기 전에 우선 자기 자신을 반성해야 한다. 상대는 자기 마음을 투영하는 거울과 같이 도리어 자신의 결점이나 단점이 비치고 있는 것이 아닌가. 이렇게 생각해야 한다. 문제는 자신에게 있는데 상대방의 탓으로 돌려버리기가 참 쉽기 때문이다.

그럼에도 협조가 잘 이루어지면 않는다면 그 정도로서는 효과를 기대할 수가 없다.

멀어진 그 원인은,

1. 이해관계의 대립
2. 말의 오해
3. 감정적인 대항의식
4. 집단 기준에의 저항감 등

그 어느 것에 있는지를 잘 검토해 보는 것이 중요하다.

그리고 원인에 응할 수 있는 대책을 세우는 데 자력으로서 해결하기가 어려울 때는 상사나 다른 친구의 힘을 빌리는 것도 좋다. 대인관계의 해결에는 제3자의 주선이 예상 이상의 효과를 올릴 수 있는 일이 많기 때문이다. 그러나 그런 대책은 인간적인 성실성이 기반이 되어 있지 않으면 결과는 오히려 악화가 되어 버리고 말 것이다.

자기에게 실력이 없으면서 무슨 불만불평인가?

오랫동안 샐러리맨 생활을 하다 보면 예기치 않은 고난을 겪는 일이 적지 않다. 샐러리맨뿐만 아니라 누구에게나 어떤 분야의 일을 막론하고 고난은 찾아오기 마련이다. 지금은 인생의 봄날 같은 날만 보내는 사람들도 순풍에 돛 달고 거울과 같은 잔잔한 바다를 항해한 사람들은 아니었다.

역설적으로 말하면 인생에서 고난을 골고루 만나고 그것을 잘 극복해 낸 사람만이 빛나는 성공을 이룬다. 고난을 이기지 못하거나, 고난을 경험하지 못한 사람이 얻은 탑의 자리는 값진 성공이라고 할 수 없다.

샐러리맨 생활로 범위를 좁혀서 고찰해 보면 다음과 같은 것을 말할 수 있다고 생각한다.

규모가 아주 작은 회사라면 몰라도 함께 일을 하는 사람이 부서에 20명은 있다. 회사 전체 직원은 훨씬 많을 것이다. 이러한 인원들과 섞여서, 그것도 제도화된 조직 속에서 자기의 능력을 윗사람에 알리기는 쉽지 않다.

어느 회사의 조사 결과에 따르면, 상사를 어려워하지 않고 자기의 의견을 말하기도 하고, 상사의 생각에 대해서 질문을 할 수 있는 사원은 전 직원의 25% 정도라는 것이다.

기업 속에 있어서 젊은 사원과 상사와의 사이에는 그러한 두꺼운 벽이 가로 놓여 있는 것이 현실이다.그리고 회사 내부조직에 따라서 자신이 부당하게 생각되는 포스트로 배치되는 뼈아픈 경험을 맛본 사람도 많다. 이것이 그 사람들에게 있어서는 고난인 것이며 또한, 행동을 하면 위험이 따라 결국 모퉁이가 되어 버리고 만다. 불만 불평이 나오는 것도 바로 이 시기이다.

학교를 졸업하고 취업에 성공해 회사에 입사할 때는 중역이 아니면 대표이사까지 되는 꿈을 가졌을 것이다. 그런데 1년이 지나고 2년이 지나는 사이에 현실의 비애를 느끼며, 5년 정도가 되어 회사 내의 실정을 알게 되면 대표이사나 중역은 커녕 과장도 되기 어렵다는 것을 알게 된다.

여기서 불만이 터져 나온다. 그리고 자기가 하는 일에 흥미를 잃고 싫어지고 만다. 성질이 급한 샐러리맨, 또는 자신(自信) 과잉의 샐러리맨이라면 그럴 때 사표를 내던지고 뛰어나가 지금까지 몇 년간의 노고를 한순간에 헛수고로 만들어 버리지만 사려가 깊은 샐러리맨은 거기서 다시 한 번 생각한다.

"월급을 받는 사원으로서 신분을 보장받고 있는 한, 어디를 가더라도 그런 불만 불평이 따라다니는 것이다. 불만 불평을 없애기 위해서는 자기가 독립하여 사주(社主)가 되지 않는 한. 이런 테두리에서 도저히 벗어날 수 없다.

그렇다고 자신에게 지금 독립할 힘이 있단 말인가? 그건 자신이 없다. 자기가 그 테두리를 묻어 버릴 힘도 없는 주제에 무슨 놈의 불만 불평인가?

그렇다면 더욱 자신이 좋은 데로 일을 해보는 것이 어떨까?

그저 상사의 눈치나 보아가면서 곰상스럽게 일을 하기보다는 생각한 것을 자꾸만 상사에게 말하고 자신이 생각한 데로 해 볼 것이다."

라는 생각에 귀착한다. 그리고 상사와 충분히 의견을 교환한다. 거기에 따라 자기 자신은 계발이 되고, 상사는 그의 가치를 처음으로 인정해 주게 된다.

이것이 바로 능력의 벽을 마침내 타파하고 출세의 길을 연 샐러리맨의 한 실례이다.

돈을 빌리지 말고 지혜를 빌려라

5

병마로
고통당할 때

5
병마로 고통당할 때

혈압도 올라가지 않은 투지 없는 인간은 승진하지 못한다

뭐니 뭐니 해도 병에 걸리지 않도록 조심하는 것이 중요하다. 병은 기운에서- 라고 하는 속담이 있다. 평생 건강에 조심하는 것이 중요하다는 것은 더 이상 말할 필요가 없다.

샐러리맨의 3원칙이라고 하는 것은,

1. 의지가 강해야 할 것
2. 노력하는 인간이 되어야 할 것
3. 건강해야 할 것 등이다.

샐러리맨에게 있어서 건강은 대단한 자본이다. 그러므로 항상 자기 몸을 관리할 필요가 있다. 건강은 자기 자신이 하지 않으면 안 된다. 누가 대신해줄 수 있는 일이 아니기 때문이다.

암도 무서운 현대병의 하나지만, 조기 발견에 의한 조기 치료로서 어느 정도 치유될 가능성도 크다. 자신의 건강관리를 태만하게 하지 않고 평소에 잘 관리하면 스스로 반드시 이상한 점을 찾아낼 수가 있다.

고혈압도 현대의 스트레스 병이라고 할 수 있다. 직업이나 그 외의 것이 원인이 되어 일어나는 혈압 상승이 마침내는 지속적인 고혈압증이 되어 버리고 만다.

혈압을 올려 가며 일하지 않는 그런 투지가 없는 인간은 승진이 어렵다고 하는 인색한 시대이기도 하다. 어쩔 수 없는 혈압상승을 내리기 위해서는 음식과 레저로 조절해야 한다.

동물성 지방의 섭취를 줄이고, 대두유, 올리브유, 참깨 기름, 동백기름 등의 식물지방을 골라 먹도록 하며, 특히 패류에 효과가 많다. 패류에 있어서는 굴류가 가장 효과적이다.

그리고 주말은 반드시 쉬면서 공적인 일은 잊도록 한다. 골프, 바둑, 장기, 가곡, 코러스, 스포츠 등 자기가 즐겁게 할 수 있는 것을 선택하여 거기에 몰두한다. 즐겁게 놀고 있을 때는 긴장을 풀고 있는 관계로 혈압의 상승을 방지할 수가 있는 것이다.

그리고 건강에 가장 필요한 것은 수면이다.

일하는 사람에게 있어서는 하루 8시간의 수면이 필요하다. 어쩔 수 없을 때도 수면을 취해야 한다. 늦잠을 자든, 낮잠을 자든 간에 7시간의 수면을 취하지 못하면 체력이 저하되어 병에 대한 저항력이 약해져 일에서 떠나지 않으면 안 될 운명이 되어 버린다.

잠을 충분히 잘 수 있는 효과적인 방법은 자리에 들어가기 전에 목욕을 하든가, 소량의 술을 마시는 것이다. 그리고 이불은 얇게하고 포단은 두텁게, 베개는 여름일 경우에는 낮고 굳은 것, 겨울에는 크고 부드러운 것을 사용한다.

그래도 잠이 쉽게 오지 않는 사람은 자리에 누운 채 독서를 하는 것이 좋다. 수면제를 사용하는 것보다 훨씬 좋은 방법이다.

음식 거리가 풍성해졌지만, 바쁜 일상으로 아침 식사는 변변치 않다. 일하는 사람에게 있어서 아침 식사는 매우 중요하다.

우유, 치즈, 햄, 계란, 콩과 같은 스태미나 식이 필요하다.

커피나 케이크에 돈을 쓰기보다는 우유, 과일의 생즙, 소나 닭의 간으로 질적인 식사를 하는 습관을 갖도록 한다.

술을 위궤양의 원인처럼 적시하는 것은 틀린 생각이다. 다량의 술을 마시는 것은 간 경변의 원인이 될지 모르나 그것도 월 한 번이나 두 번이면 건강한 사람으로서는 걱정할 일이 아니다.

다만 공복에 술만 마시는 것은 주의하되 지방이 있는 치즈나 소세지 등과 함께 마시면 괜찮다. 스트레스 해소에는 술이 가장 좋다. 알코올 이외에 대뇌의 고차 중추성이 작용하는 심리적인 긴장에 의한 피로를 완화시킬 수 있는 묘약은 그 외엔 아직 아무것도 없다.

그러나 건강을 지킬 수 있는 첫 번째의 요체는 뭐니 뭐니 해도 '마음의 안정'이다. 밸런스가 좋은 개성은 인간관계를 무난하게 한다. 이것이 가장 '마음의 안정'을 유지시킬 수 있는 방법이다.

화가 나면 걷던가, 음식을 먹던가, 노래를 부르던가, 미적지근한 목욕탕에 들어가던가 – 여하간 화를 폭발시키지 않게 해준다.

자신을 항상 제3자의 눈으로 보고 있다는 냉정함을 잃지 않는 사람은 노이로제에 걸리지도 않고 타인으로부터도 신뢰를 받게 될 것이다. 이것은 신경계통의 의사가 가장 권하는 의학 요법이라는 것을 잊어서는 안 된다.

고령의 사업가는 다도(茶道)를 즐기는 사람이 많다. 이것도 사실은 장생하는 비결의 하나이다. 우선, 다도를 좋아하는 사람은 타인의 손을 빌리지 않고 무엇이든 다 자기가 하지 않으면 안 되게끔 되어 있다. 그래서 한번 모임을 가지면 주역인 사람은 대개가 길을 걷는 것과 같은 운동을 한다는 말이 있다.

아무리 돈이 많은 재벌이라고 몇백 명, 몇천 명을 거느리는 기업의 대표이사이라도 다(茶)모임 때에 사원이나 고용인에게 심부름을 시키는 것은 다도의 규칙에서 금지하고 것이다. 이것이 건강에 매우 좋은 것이다.

도구의 취급에서부터 정원의 제초 및 손질까지 자기가 하지 않으면 안되기 때문에 항상 자가용으로 출퇴근을 하는 대표이사도 건강에 관심을 가지고 몸을 움직이지 않으면 주인으로서의 자격이 없고, 다인으로서의 자격도 없다.

둘째로는 음식물이다. 차는 고령자에게 가장 많은 영양을 제공해 준다. 그것은 차가 나오는 음식에서는 함부로 기름이 많은 동물성 지방질 요리를 내놓지 않고 채소를 많이 이용한 영양 있고 소화가 잘되는 음식뿐이기 때문이다. 거기다 간소하고 청결한 다도의 정신, 바로 그것이 비즈니스맨으로서 살아가는 방식인 것이다.

미쓰이의 큰 우두머리로서 92세의 장수를 누리면서 명치·대정시대에 걸친 재계의 원로 마스다옹은 손님으로 초청을 받고

미쓰이 재벌

미쓰이는 2차 세계대전 이전, 일본의 3대 재벌 중 하나로 가장 오래된 재벌이다. 메이지 시대에 일본 정부와 긴밀한 관계를 유지했다. 1876년에는 미쓰이 은행을 설립하여 선수 회사, 무역회사와 합병해 미쓰이 물산으로 그룹을 형성해나갔다. 메이지 정부는 관영 공장을 미쓰이물산에 싸게 매도했는데, 이에 방적 산업이 크게 발전하게 되고 산업혁명의 중심을 이루게 된다. 1909년에 미쓰이물산은 이미 재벌 체제를 완성하게 되고 1~2차 세계대전으로 더욱 막대한 부를 쌓아 일본 최대 재벌로 군림하게 된다. 그러나 2차 세계대전이 이후 연합군의 재벌 해체 정책에 따라 미쓰이 그룹은 해산, 분할하게 되었다.

갈 때도 그 집 음식을 먹지 않고 자기 집에서 도시락을 가지고 가서 맛있게 먹었다고 한다.

마스다옹의 말을 빌리면, 요릿집의 식사는 볼품만 좋을 뿐이지, 비타민에 치우쳐 있어서 마치 독이라도 먹으러 가는 것 같은 기분인데 그 증거로는 요릿집 주인으로 장수한 사람이 적다.

만일 젊은 사원이 연회에 나가게 될 때는 미리 보통 식사를 하고 나서 가는 것이 좋다. 그렇게 하면 요릿집에서 식사하는 양이 적어지기 때문이다.

그리고 마스다옹은 끝으로 다음과 같이 말했다.

"무엇보다도 요릿집의 요리는 돈지갑의 건강에도 더욱 좋지 않다."

일에 전념하는 것도 건강관리의 비법

서양에는 3W라는 말이 있다.

Worry 고민, Woman 여자, Wine 술.

이 세 가지는 인생에 있어서 가장 좌절하기 쉬운 것으로 유의해야 할 일이라는 것이다.

그러나 무엇이든 깊이 빠져버리면 해가 되지만 이것을 잘 활용하면 오히려 즐겁게 생활해 활력을 준다.

고민도 피할 수 없다면 오히려 능동적으로 받아들이고 그것을 돌파해 나갈 수 있는 강인함을 몸에 익히면 자신을 가지고 인생을 극복해 나갈 수가 있다.

수년 전에 사망한 순가 은행의 창립자였던 오까노 회장은 103세까지 장수한 사람이지만, 그 원동력은 한마디로 기력(氣力)에 있었다고 하겠다. 장애물을 뛰어넘으려고 하는 기력, 이것이 장수의 원동력이 되었던 것이다. 그 뜻은 무리하지 않고 즐겁게 살아가자고 하는 사람보다도 악착같이 일에 열중하면서 직무에 성실한 사람 쪽이 더 건강한 것 같다.

일에 열중해 있는 사람은 피로도 잊은 채 그저 바쁘다. 항상 긴장하고 있기 때문에 피로를 느끼지 못하는 것인지도 모른다.

무능한 소극적인 인간은 젊었을 때부터 이것저것 약만 사다가 책상 서랍 속에 넣어두고 먹는다. 집에 돌아와서는 자리에 누워 TV만 보고 있다. 이런 사람은 회사에서나 집에서나 늘 피곤하다, 나른하다, 덥다, 춥다고 할 그런 사람들이다.

건강이란, 그 사람의 내면생활이 충실해 있는가 아닌가에 따라서 상당 부분 좌우되고 있다. 역경과 싸우고 있는 사이에 그것이 즐거움으로 변해 간다. 역경과 정면으로 대결하여 그것을 규명하고 파헤쳐 나가면 점점 강하게 되어 그것을 돌파해 나갈 수 있는 힘을 갖게 되는 것이다. 자신을 잊고 일에 전념하는 것도 중요한 건강법의 하나다. '병은 마음에서'라고 기력은 어느 정도 병을 극복할 수 있는 강함을 갖고 있다.

투병은 인간을 향상시킨다

병 덕분으로 좋은 사업을 골라서 성공했던 사람도 있다.

사이또는 태어나면서 병약한 몸이었는데 15세 때에 장티푸스에 걸려 죽느냐 사느냐의 갈림길에 서기까지 했다. 명치 시대의 러일 전쟁 직후였기 때문에 약다운 약이 없어 1개월 동안이나 사경을 헤매었는데, 다행히 간호부와 육친의 따뜻한 간호로 살아날 수 있게 되었다.

그 병상에서 사이또 소년은 곰곰이 생각했다.

"병으로 괴로움을 당하고 있는 사람은 부지기수이며, 병에 걸리면 아무리 영웅호걸이라도 의사와 약에 의존할 재간밖에 없다. 의사가 되려면 돈이 들기 때문에 약학을 공부해서 좋은 약을 만들어 병고에 시달리고 있는 사람들을 구제하고 싶다"

주위 사람들은 '약학교에 들어가서 공부하려면 많은 돈이 필요하다. 돈이 있으면 훌륭한 약국을 만들 수 있으니까 약제사를 고용하여 장사하는 것'이 현명할 것이라는 이유로 반대했다. 그러나 생사를 건 중병을 체험한 사이또 소년의 결심은, 주위의 반대에 동요될 만큼 더 이상 약자가 아니었다. 그 때문에 마침내 만사를 뿌리치고 그는 상경하여 약학교에 입학했다.

그리고 오늘의 사이또 제약을 창업하고 그 대표이사가 되어 활약하게 되었던 것이다.

병에 걸리고 나서 비로소 건강의 고마움을 깨닫게 되기도 하지만, 더 나아가 이 기간을 인생 수업의 좋은 기회라고 생각하고 보낸 사람과 그저 멍하게 잠이나 자면서 보낸 사람과는 사회생활 복귀한 후의 발전이 하늘과 땅 차이로 다르다는 것이다.

병은 역시 인생 도약의 기회이기도 하므로 절대 비관하지 말고 거시적인 입장에서 자기가 살아갈 방법인 일에 대하여 충분히 생각해 두는 것이 중요하다.

나라 기계 대표이사인 나라는 해군을 지원하여 사관후보생이 되어 남양으로 파견되었는데, 늑막염에 걸려 1년 동안 해군 병원에 입원해 있다가 군에서 제대했다.

신문에서 시계상의 점원 모집 광고를 보고 처음으로 기계에 매달려 일을 하다가 마침내 독립하여 분쇄기를 제조하는 사업을 시작했다.

그런데 태평양전쟁이 돌입한 즈음부터 폐병에 걸려 한창 공습이 계속되고 있는 상황에서 각혈로 고통을 당하는 상태에 있게 되었다. 그는 폭탄에 쓰러지거나, 폐병으로 쓰러지거나 쓰러질 생명이라 체념하고 각혈을 하면서 일을 계속하던 중 종전이 되었다. 마침내 전국적으로 선풍이 불기 시작한 분식 붐으로 분쇄기의 주문이 쇄도하기 시작했다. 이렇게 잘 되어 동분서주하고 있던 중 이번에는 폐렴에 걸려 사경을 헤매게 되었다.

그러나 그러한 상황에서도 그는 일에 집착, 사업이라는 의욕의 일념에만 불타 마침내 그 정신력으로 병마를 극복하는데 성공했다. 게다가 그 치열한 투병과정에서 그는 자기 사업의 전모를 오히려 병상 위에서 읽을 수가 있었던 것이다. 만일 병에 걸리지 않았었다면 자기 사업을 위해서 앞으로 돌진만 하다가 마침내 옥쇄해 버렸는지도 모른다.

포수가 산을 보지 못한다는 말도 있지만, 산속에 들어가 있는 사람에게도 산의 모습이 보이지 않는다. 하산하여 기슭에 섰을 때 비로소 산의 모습을 볼 수 있는 것이다. 병에 걸린 덕분으로 평상시에는 볼 수가 없던 자기 사업 전체의 내용을 보고 폭주를

삼가며 안전하게 사업을 유지해 나갈 수 있었다—라고 나라 대표 이사는 병의 공덕을 말했다.

또 한 사람, 의지의 힘으로 폐병을 정복한 사업가로 건철(建鐵) 회장인 '히미'가 있다.

대장간에서 일하던 어린 시절, 많은 형제들 때문에 하루 종일 일을 찾아 뛰어다니지 않으면 살아갈 수가 없었다. 남에게 지기를 싫어하는 그는 부모님이 아무리 호통을 치든, 형제들로부터 매를 맞아가며 혹사를 당해도 우는 일이 단 한 번도 없었다. 그렇게 참을성이 강한 그도 병에는 어쩔 수가 없었다.

어려서부터 제대로 영양을 섭취하지 못했던 탓에 그의 몸은 점차 쇠약해져 갔다. 여기서 폐병이라는 것이 알려져서 추방을 당하게 되면 지금까지의 고생은 수포로 돌아갈 뿐 아니라 집으로 돌아갈 수도 없었다. 그는 속이 상해 견딜 수가 없었다.

그러다가 이왕 죽는 것이라면 나와 병과 어느 쪽이 이기는 지 한번 싸워보자는 비장한 결심을 했다. 그래서 그는 선생을 찾아가 경내에 거적 한 장을 깔고 그 위에 좌선을 했다. 이렇게 병과 싸워서 이기지 못한다면 나는 끝장이다. 이 기력 하나로 병마를 퇴치시켜 보자— 그런 강한 의지를 가지고 마음을 통일시켜 나가고 있는 중에 병이 회복되기 시작했다.

이렇게 수일 동안 좌선요법을 계속하고 있던 어느 날, 그는 갑자기 '그냥 여기서 병을 고치기 위해서 좌선만 하고 있을 것이 아니라 무슨 일이라도 해보면 어떨까?' 하는 욕망이 생겼다. 이 것은 몸이 회복되고 있다는 증거이기도 했다.

무엇을 하면 좋을까? 이런저런 생각 끝에 그 부근에서 양잠에 사용되는 바구니 재료를 매입했다. 이것은 양잠의 경기 여하에 따라서 값의 차이가 심하게 나타난다. 그는 그 재료를 2백 매 정도를 매입하여 그대로 쌓아 두고는 자기 자신은 의연하게 좌선요법을 계속해 나갔다. 그런데 2개월도 채 못되는 사이에 그 재료값은 하늘로 치솟듯이 올라 그는 그것을 처분하여 많은 돈을 벌었다. 그는 마음도 단련하면서 돈도 벌며 병까지 고칠 수가 있었다.

불운을 탓하며 감상에 빠져 있으면 다스릴 병도 다스리지 못한다

오랜 병과 싸워서 이것을 극복하려는 노력은 도산에 빠져 있는 기업을 다시 세울 정도의 노고가 필요하다. 공연히 자신의 불운만 탓하면서 감상에 빠져 있으면 절대 병은 치유될 수 없다.

경제적인 문제는 있지만, 진찰을 받을 필요성, 장기 치료에 대한 마음가짐, 이렇게 병을 극복하기 위해서 해야 할 방법을 가차 없이 기회를 잃지 않고 다하는 것, 그것은 자신의 병이라기보다는 타인의 병처럼 냉정히 관찰하고 게으르지 않게 처리해 나가는 것이 중요하다. 아무리 의사의 선고가 냉정하더라도 절대 낙담하던가 절망하지 말고 더욱 적절한 치료 방법을 강구해야 할 것이다. 또한, 기가 약한 사람의 한 가지 현상으로 자기의 증상을 무조건 낙관적으로만 대해 적절한 치료법을 태만하게 하는 사람도 있다. 이것은 스스로 되돌릴 수 없는 결과를 초래하는 중요 원인이 된다.

물론, 병에 걸려 필요 이상으로 당황하던가, 침착성을 잃는 것은 어리석은 짓이지만, 정확하게 증상을 찾아내지도 않고 현실에 굽히려고 하는 태도는 더욱 어리석은 사람이다.

병이라는 것에 대해 끝까지 세심하게 주의하고, 냉정한 계획을 세우는 한편, 자신이 살아나기 위해서는 끙끙거리지 않고 마음을 크게 갖는 것이 긴 병을 극복하기 위한 이상적인 태도이다.

1년도 좋고 2년도 좋다는 식으로 그저 침대 위에서 천정만 향한 채 잠이나 자고 있는 것은 정말 괴로운 일이다. 그러나 그 괴로움도 잘 이용하면 심신 수양이 되는 것이다.

사업을 생각해 보고 인생을 생각해 보는 데 있어서 이처럼 좋은 기회는 다시 없다. 긴 병을 극복하고 나서 사업에 성공한 사람은 그 이유가 병을 앓고 있는 동안에 자기 머릿 속에, 마음속에 씨를 뿌린 사람들이다. 이것이 싹이나서 사업을 해나가는 사이에 마침내 꽃을 피운 것이다.

오늘날 학교에서는 실재 사회생활에 도움이 되는 것을 도외시한 채 이론적인 학문만 하고 있다. 사회 현장에 대해 아무것도 모른 채 사회로 내몰린 사람들은 그저 사회의 현상에 밀려서 흘러가고 있을 뿐이다. 그런 많은 사람들 중에서 병을 치료하기 위한 요양은 자신의 일에 대해 크게 볼 수 있는 기회를 얻은 시간이 되므로 도리어 큰 플러스를 얻을 기회가 된다.

이렇게 생각하면 병도 나의 미래에 대한 큰 산을 볼 수 있는 기회이므로 아이디어를 생각하기 위한 시간으로 보내는 것도 나쁘지 않다. 그리고 병과 대결함으로 정신력도 충실해지고 대인관계에 있어서도 원만해져 인생을 내다보는 방법도 원숙해질 수 있다면 병도 인생에 있어서 무조건 나쁘다고 말할 수는 없다.

돈을 빌리지 말고 지혜를 빌려라

6

근무하고 있는 회사가 회사가 합병되었을 때

6
근무하고 있는 회사가 합병되었을 때

합병 후의 비극을 뚫고 나갈 수 있는 방법

자본주의 사회는 약육강식이다. 산업의 역사를 살펴보면 기업의 합병이란 형태가 그것을 말해준다.

근래의 여러 회사의 사사(社史)를 살펴보면 거의 모든 기업이 지금까지 몇 개의 회사를 합병하여 외형이 거대해진 사실을 봐도 알 수 있을 것이다. 샐러리맨들은 합병을 겪게 되는 경우를 한번 정도는 만나게 될 수도 있을지 모르지만 대개는 남의 일같이 느껴진다. 그러나 막상 자신이 다니고 있는 회사가 합병된다면 과연 자기의 장래가 어떻게 될 것인지에 대해서 불안을 느끼게 될 것이다. 더구나 합병하는 쪽이 아니고 합병되는 측의 사원이 된다면 이것은 커다란 충격이 되는 것은 당연한 일이다.

샐러리맨이 입사 이후, 언제나 바라고 있는 것은 직급의 승진이다. 이것은 단순한 명예욕뿐만 아니라 연봉을 조금이라도 많이 받기 위한 소망이라고 해도 좋을 것이다.

그런데 기업의 합병은 이 소망을 일순간에 파괴해 버리는 수소 폭탄과 같은 파괴력을 가지고 있다.

그래서 합병당하는 회사 사원에게 있어서 다시 없는 불안이자 고민에 빠지게 되는 것이다.

첫째로 느낄 수 있는 것은 합병 후에 자기의 지위가 어떻게 될 것인가 하는 일이다. 과장이 합병 후에도 과장 자리에 앉아 있을 수가 있겠는가?

합병하는 회사와 합병당하는 회사의 기업 격차가 크면 부장이 과장에, 과장이 대리로 한 등급씩 내려앉는 것은 당연한 일이며, 어떤 경우에는 이사가 과장으로 부장이 평사원이 될 수도 있다는 것을 각오하지 않으면 안 된다.

이처럼 기업 격차가 크다든가 도산의 보강책으로 합병이 되었다고 하면 단념하겠지만, 기업 규모가 거의 같은 정도인데도 합병이 된 경우라든가 표면으로는 대등한 합병이라도 사실은 흡수 합병과 같은 미묘한 경우에는 합병을 당한 회사 사원들은 좀처럼 이해가 가지 않으면서 앞날에 대한 불안도 적지 않을 것이다.

지금까지의 예만 보더라도 합병할 당시에는 일단 한 계급 격하되어 있다가 회사가 안정을 찾으면 케이스 바이 케이스로서 승진시킨다는 조건이 많다. 그러므로 합병이 이루어지면 그로부터 2~3년 동안은 인사이동이 빈번하게 행해지는 것이 통례이다. 합병당한 회사의 사원은 풍전등화나 마찬가지이다.

합병당한 회사의 사원으로서는, 합병으로 인한 한 계급 격하는 어쩔 수 없다고 하더라도 아무리 노력을 해도 의붓자식 취급을 당하고 있는 실정에서 정당하게 평가되어 승진할 그런 기회가 과연 있겠는가? 합병당한 회사의 사원들은 계속 다닐 것인가? 그만둘 것인가?

확실히 합병회사에 있어서 피합병회사의 사원에 대한 평가는 엄격한 데가 있다. 그것은 합병회사로서 피합병 사원의 인격이나 실력을 모르기 때문에 그것을 알 수 있을 때까지는 10점의 노력을 하더라도 8점의 평가밖에는 주지 않을 가능성이 다분히 크다. 결국, 합병회사에 완전히 동화될 때까지는 상당한 출혈이 있었을 것이라는 것을 각오하지 않으면 안 된다.

이 동화 기간은 보통 3~4년이라고 하지만 우수한 사원은 그 기간이 짧을 것이고 5년 이상이 지나도 동화하지 못하는 사람은 탈락하고 마는 것이 통상의 결과이다.

합병 회사에서 손해를 보는 것은 피합병회사의 사원만은 아니다. 합병한 회사의 사원들도 절대 이득이 되는 것은 아니다.

예를 들면 합병한 회사의 본사가 오사카이고 피합병회사의 본사는 도쿄라고 할 경우이다. 합병 때문에 합병회사의 도쿄영업소와 피합병회사의 본사는 당연히 하나가 될 것은 당연하나, 영업소보다도 본사의 인원 쪽이 더 많으므로 합병회사의 사원이 피합병회사의 과장 밑에 배속되는 경우도 있을 수 있다. 그렇게 되면 가능한 한 1.5배 정도로 하는 것이 원칙이지만 표면화하여 정리하는 것은 노조(勞組) 등의 개입도 따르기 때문에 가능한 한 합법적인 자연정리를 하게 된다.

결국, 합병 후에 근무평정에서 좋지 않은 사원으로 찍힌 사원을 규슈지사에서 홋카이도 공장으로 보내는 엄격한 인사 발령을 한다. 한편으로는 회사를 그만두기를 바라는 것이 아닌가 하는 가혹한 조치인 것 같지만, 기업의 입장에서는 경영을 잘 해나가기 위해서 당연하게 단행할 수도 있을 것이다.

특히 경영 사정이 좋지 않은 합병한 회사에서는 그런 목적에서 인사이동을 많이 한다.

합병당한 회사의 연봉 수준이 합병하는 회사의 수준보다 높으면 합병회사만큼 낮아지는 것이 통상이고 절대 피합병회사만큼 높아지는 일은 없다.

반대로 피합병회사의 연봉이 합병회사의 수준보다 낮았을 때는 한 번도 조정되는 일이 없지만, 시간이 지나 같은 수준에까지 조정되는 일은 있을 수 있다. 그러나 그것도 실력 여하에 따른 것이고 엄격한 근무평가에서 탈락한 사원은 제외되고 만다. 이런 것들은 지위와 연봉 상에서 나타난 합병이 가져다준 사원의 불안과 고민이다. 이 밖에도 피합병회사의 사원으로서는 합병한 회사의 사원들과 잘 해 나갈 수가 있을 것인가? 자기에게 적합한 임무가 주어질 것인가? 불안과 고민이 수없이 많을 것이다.

자본주의하에서 주인과 단절한 애사

회사합병에서 가장 역사적인 것은 1965년 4월에 있었던 미쯔이 물산과 기노시다 산상(産商)과의 합병이다. 그런데 합병 직후인 6월에 종합상사에서는 처음으로 파업이 미쯔이 물산에서 발생했다. 구(舊)기노시다 산상에서 근무하고 있던 2천 명 사원의 입장은 그야말로 미묘하게 되어버렸다.

대략 이 파업은 역사와 전통을 자랑하는 미쯔이 물산이 주요 상사 12개사 중에서 최하위로 전락하고 태평양전쟁 전부터 라이

미쓰이물산
(1947년 창업)

일본의 첫 종합상사이다.
1947년 창업이라고 하지만,
메이지 시대에 출 출발한
회사로 현재에도 일본의 3
대 종합상사의 하나로 어깨
를 겨누고 있다. 1965년에
기노시다를 영업양수했다.
1993년 11월 30일 일본계
종합상사 최초로 한국미쓰
이물산(주)을 100% 출자하
여 설립했다.

벌 회사였던 미쓰비시 상사가 제1위로 올라간 데서 발단되었다.

더구나 1965년 6월 보너스가 타사의 지급액 수준보다 대폭적으로 내려간 업계 최하위 수준으로 떨어진 것도 참을 수 없는 일인데, 주주에게는 최고수준의 배당을 해주었다. 이에 대한 사원들의 불만이 폭발하여 일어난 파업이었다.

그러나 피합병 사원인 기노시다 산상 출신의 2천 명은 조합에 가입되어 있지 않았기 때문에 파업에 참여할 수 없었으나 문제는 처음에는 지급하지 않을 것 같은 보너스를 마지못해 2개월분을 지급해 주었다.

기노시다 출신에게는 3분의 2정도였다. 더구나 파업하고 있던 조합에서는 기노시다 출신 사원들의 대해서는 무관심하기까지 했으니 피합병 사원의 비애를 절실하게 느낄 수 있다. 파업 당일 기노시다의 피합병 사원들은 관리직의 비조합원과 합류하여 조합원의 피켓을 내걸고, 본사와 함께 행동하지 않으면 안 되었다고 한다. 그러니 미쓰이 출신 사원들이 내걸고 있는 피켓 속을 지나갈 때면 절로 눈치가 보이고 불편한 마음이었다.

그러나 조합이 승리하면 자신들의 보너스에 상당히 좋은 영향을 미칠 수 있는 기대 때문에 속으로는 조합 측이 승리하기를 바래야 하는 복잡한 심경이었다.

여하간, 회사에 무슨 문제라도 발생하면 '저놈의 피합병 사원 때문에…….'라는 일일이 색안경을 쓰고 바라보는 편견을 견뎌내야 했다. 이것은 주인과 단절하고 낭인(浪人)이 되든가 아니면 다른 주인을 찾아갈 것인가 하는 봉건시대에 있던 무사의 비애와 같은 잔혹한 이야기와 같은 것이라 하겠다.

뛰쳐나와 재기의 길을 힘있게 걸어가라

과연 회사합병이라고 하는 두려운 사태에 직면하여 역경을 발판 삼아 발돋움한 사람이 있는가?

결연하게 뛰쳐나와서 성공한 사람도 있다.

여기서 대표적인 두 가지 예를 들어보면, 회사합병이라고 하는 인생의 위기를 어떻게 뚫어야 하며 더구나 그것을 성공의 계기로 어떻게 삼아야 할 것인지에 대해서 연구해 보자.

우선, 합병회사를 뛰쳐나와서 성공한 레나운의 경우를 보면 이렇다. 오늘의 레나운 상사, 레나운 공업의 모체는 사사키 상점이라는 이름으로 1906년에 오사카에서 설립되었기 때문에 많은 역사를 가지고 있다. 그리고 1937년에는 사사키 영업부라고 개칭하여 의료품(醫療品) 생산과 판매를 계속해 오다가 1944년에 이르러서는 전쟁 수행을 위한 기업 정비령에 따라 고우쇼우 주식회사에 흡수 합병되고 말았다.

그때 사사키 영업부에 있던 사원은,

"사사키만이 아이디어가 풍부했으며 이웃 회사에서는 생각지도 못한 새로운 경영법을 취하여 젊은 사원들에게 권한을 부여해 준 좋은 회사였는데, 정부와 군의 명령에 따라서 남의 밥을 얻어먹게 되었다."

라고 하는 비애를 절실하게 맛보았다고 했다. 그런데 전쟁이 끝나자 다시 회사로 돌아오는 사원들을 받아들였다. 그러나 고우쇼우는 자기의 옛 사원은 수용했으나 옛 사사키 영업부의 사원까지 수용한다는 것은 경제적으로 불가능하다는 말을 했다.

그러한 말을 들은 사사키 계의 사원들은 그런 몰인정한 일이 있을 수 있는가 하고 격노하여 험악한 공기가 사내에 넘쳐 흘렀다. 그러나 사사키 영업부 계의 지도자는 침착하게. 사태를 파악하고 냉정한 태도로서 고우쇼우 대표이사에게 다음과 같은 조건을 걸었다.

동일방직(주)
1955년 설립

"옛 사사키의 연간 판매실적은 좋은 실적이었다. 그것을 고려하여 도쿄점 독립을 시켜다오. 그 대신 오사카점의 실적으로 얻을 수 있는 대행점의 권한은 고우쇼우에게 양도한다."

한국의 화신 레나운은 1973년에 일본과 합작 기업으로 출발했다. 동일방직(주)에서 주식60%를 인수하여 동일 레나운으로 상호를 변경했다. 2015년 일본과 합작을 해지했고, 현재 상호는 (주)디아이알로 변경했다. 제조, 유통, 판매까지 전 과정으로 제품을 공급하고 있고 알려진 브랜드는 아놀드파마, 까르트블랑슈 등이 있다.

그 말은 고우쇼우측에서 볼 때 불리하지 않았기 때문에 사사키 영업부는 45명의 사원을 결속시켜 자본금으로 재기의 길을 힘차게 걸어 나갔다. 마침내 1951년 대망의 섬유 통제 철폐 때문에 자유경쟁의 막이 올라 전전에 붙였던 '레나운'의 상표가 다시금 세상에 퍼져 나갔다. 지금은 어린 아이들까지도 레나운을 알 정도로 전국을 침투하기에 이르렀다.

레나운의 경우는 새롭게 뛰쳐나왔다기 보다는 옛 전통으로 되돌아온 것이지만, 합병 회사가 나누어질 때는 대부분이 이러한 형태를 취하는 것이다.

결국, A 기업과 B 기업이 합병되었을 때 사원들은 별수 없이 A 계와 B 계로 확실하게 분리되고 만다. 그리고 합병한 기업의 경영이 무난하게 진전이 되지 못하면 서로가 다 같이 옛집이 그리워져 오히려 '합친 것은 헤어지기 마련'이란 말처럼 합의 이혼을 하든가, 싸움 끝에 헤어지든가 하는 것이다.

일을 상대에게서 몰래 빼내라

전쟁 중에도 기업 정비령에 의해 회사의 합병이 활발하게 이루어진 일이 있다. 당시 샐러리맨에게 있어서 처음 겪는 일이지만, 피합병회사의 사원이 반드시 남의 밑에서 성공하지 말라는 법은 없다. 요시다까는 당시 쇼와소다의 이사였는데, 미쯔이계의 흑까이소다와 합병하여 새로운 회사로 등장한 도오아합성에서 부장도 아니고 일개 과장이라는 두 계급이나 격하되는 억울함을 당해야 했다.

쇼와소다에서는 사무 분야의 팀장이었던 몸이 일개 과장으로 격하된 것은 아무리 생각해 봐도 너무나 부당한 일이었다. 너무나 부당한 대우에 요시다까의 뱃속은 부글부글 끓어올랐다.

사표를 써내고 뛰쳐나갈 생각도 해보았다. 하지만 요시다까는 신중히 다시 한번 생각했다. 이미 그는 40대 중반을 넘기고 있었다. 처자식을 생각하지 않을 수가 없었다. 여기서 실직을 한다면 가족의 생계는 어떻게 할 것인가?

'어떻게 해서든지 견뎌야 한다'고 스스로에게 다짐했다.

'세상에는 장님 천명, 눈뜬 사람 천명'이라고 하는 속담이 있다. 현재는 불우하지만 그냥 묵묵히 자기 직무를 수행해나가면 언젠가는 반드시 알아줄 사람이 있겠지, 그렇게 생각을 고쳐먹고 새로운 합병회사의 일원으로 열심히 일했다. 그러나 전에 있던 부하들은 그러한 그의 모습을 순순히 지켜보고만 있지 않았다.

"용기를 내서 반기를 들어보는 것이 좋지 않겠습니까?"

하고 지속적으로 충동질을 해댔으나 그는 묵묵히 일만 하며 참아 나갔다. 10년만 젊었더라면 혈기로 앞장섰을지도 모르지만, 서투르게 움직이다간 회사를 그만둬야 하고 혼자서 움직여 봐야 별수 없기 때문에 오로지 일에만 열중한 채 모든 것을 참고 나갔다. 그로부터 20년이 지나 요시다까는 도오아합성 부대표이사란 지위에까지 올라갔다.

닛고증권의 요시노 회장도 합병으로 어려움을 이긴 사람이다. 가난한 집안에서 홀어머니의 손에서 자라난 그는 어느 회사의 장학금을 받아 도요꼬고상을 졸업했다. 그런데 그의 학비를 대준 회사는 그의 졸업과 함께 도산이 되어 하는 수 없이 직장을 찾아 분주히 돌아다니던 끝에 미쯔꼬시의 악기 매장에서 근무하게 되었다. 그 후 직장을 전전하다가 마침내 도어야마가 경영하는 가와지마야 증권에 입사했다. 도어야마는 사이다마의 벽촌에서 상경하여 맨손으로 성공한 사람이었다.

요시노는 그의 모습에 완전히 매료되고 말았다. '이 사람 밑에서라면'하는 마음으로 온 힘을 다 쏟았다. 그러나 가와지마야 증권은 전쟁 중의 기업정비로 인해 닛꼬증권으로 합병되고 말았다.

요시노는 당시 가와지마야의 전무였는데, 도어야마를 위해서라면─ 그런 충성으로 원하지 않은 합병에도 참고 견뎌 새로운 닛꼬증권의 전무로 추대되었을 뿐 아니라, 대표이사까지 역임했다. 다음 도어야마 씨의 뒤를 이어 회장이라는 최고의 자리까지 올랐다.

이런 사람들을 생각할 때 평소에 주어진 일에 최선을 다하는 사람에게는 합병도 겁날 것이 없다. 합병을 당해도 불리할 것은 아무것도 없다고 요시노는 단언했다.

어떠한 사태에도 대처할 수 있는 실력을

보다 조직이 커지고, 인원수가 많아지면, 소위 평균적인 사람은 좀처럼 눈에 띄지 않는다. 일개 평사원으로서 끝을 낼지도 모른다. 그러나 실력만 갖추어져 있다면 회사가 합병이 되든, 도산이 되든 어디선가 반드시 싹을 틔우기 마련이다. 그러나 요즘 젊은 사람들은 요시노와 같은 옛날식 방법에는 무조건 승복하지 않으려고 할 것이다. 합병 즈음하여 어떻게 처신해야할 것인가? 자기 나름대로 연령이나 환경에 의해서 서로가 입장이 다를 것이다.

만일 20대의 싱글로 책임져야 할 처자식이 없는 경우에는 과감히 뛰쳐나가는 것도 나쁘지는 않다고 생각할 것이다. '젊은 나이에 자기 한 몸, 그 회사 아니라도 밥이야 굶겠냐'하는 식의 생각은 깊이가 없는 생각이다. 젊었을 때의 고생은 돈 주고도 살수 없다는 속담도 있듯이 언제 어떠한 상황에서도 견뎌내고 일할 수 실력을 길러 놓는 것은 절대 나쁜 일이 아니다.

가정을 책임지고 있는 몸은 더 경솔히 행동해서는 안 된다. 합병한 회사에서 아무리 냉대를 당하고 차별을 받더라도 자신에게 실력이 있는 한 그것으로 끝나지 않을 것이다.

그런 과정을 통해서 반드시 얻는 지혜와 통찰력이 있고 이 것은 자신만이 갖을 수 있는 큰 재산이 되는 것이다.

7

해고라는
선고를 받았을 때

7
해고 선고를 받았을 때

당신도 언제 거리를 방황하게 될지 모른다

"00년 0월 0일 당사는 경영상 이유로 인한 해고임은 귀하에게 통보합니다."

이것은 수년 전에 출판되어 경제계나 샐러리맨, 투자가들 사이에서 센세이션을 불러일으켰던 '위험한 회사'의 첫 머리다. 구직난 시대에 부당하게 해고당하는 일은 없을 것이라고 유유히 레저나 즐기고 아내의 비위나 맞추는 일에 급급해 있던 샐러리맨에게 있어서 도산 선풍의 내습은 마른 하늘에 날벼락이 따로 없다.

'위험한 회사'에 따르면, 앞의 그런 해고 통보가 TV 튜너의 톱 메이커였던 다이와 전기공업의 전체 종업원에게 내려진 것이다.

이 한 장의 백지에 불과한 해고통보 때문에 오랫동안 노력해온 직장에서 종업원들이 추방되고 그 가족들은 마침내 생활의 불안 속에 놓이게 되었다.

'위험한 회사'의 저자의 말을 빌리면 '회사의 비극은 사회의 비극이며 언제 당신도 거리를 방황하게 될지 모른다'라는 것이다.

이 베스트셀러에 인용된 다이와 전기공업의 도산을 시초로해서 도큐 구로가네, 다이오 제지, 다까노 건설, 도오하쯔·상요 특수강 등의 상장회사들이 줄줄이 도산되어 불황은 매우 심각했다.

경제계가 불황으로 타격을 받으면 언제나 4가지 감소 바람이 불어 닥친다. 4가지 감소란 회사 감소, 사람 감소, 관리자 감소, 연봉 감소다. 우선 최초에 부는 것이 회사 감소로서 도산이나 합병이라는 현상으로 회사의 수가 감소한다. 쓰러지지 않은 회사라도 승급이 정지되고 임금 커트가 행해진다. 이것이 바로 연봉 감소로서 이 두 가지의 바람은 동시에 불어닥친다.

이어서 관리자 감소, 사람 감소라고 하는 가장 무서운 바람이 불어닥친다. 이것은 상당한 수의 희생자를 각오하지 않으면 안 된다. 이렇게 되면 샐러리맨의 신세 한탄이 시작되기 마련이다. 일시 귀휴 등의 수단으로 참아왔던 기업도 과감하게 해고에 착수해 버린다. 이것은 샐러리맨에게 있어서는 우울을 넘어서서 공포와 전율의 계절이라고 말할 수 있다.

큰 나무의 그늘도 의지가 되지 않는다

도시바, 히다쯔, 마쯔시다, 미쯔비시 전기, 닛뽕 정공 등 그런 일류 대기업에 근무하면서 '정말 만족한다, 이왕 일할 바에는 힘 있는 회사에서 마음 놓고 일한다'라고 하지만 방심은 할 수가 없다. 일시 '귀휴제도', '자택 대기 제도'라는 하는 새로운 시스템이 등장하여 사원이나 종업원에게 찬물을 끼었었기 때문이다.

지난해까지만 하더라도 고수입을 올린 회사가 갑자기 경영난에 봉착해 관리직의 승급 정지, 신입사원의 자택 대기, 사원에게는 12일, 24일의 윤번 휴가, 자택 연수 제도와 일시 귀휴 제도 실시 등 강력한 고용자 대책을 내세우면 사원들이 겁을 먹는 것도 무리는 아니다.

회사 측의 입장에서는 기업의 현상을 전 사원이 피부로 느끼게하기 위해서 취한 방법으로, 이것에 의해 경비가 절감되는 것은 어디까지나 부차적인 것이다.

도쿄 소니 본사
(1946년 5월 7일 설립)

소니는 전쟁이 끝나 갈 무렵인 1945년 말 이부카 마사루가 도쿄에서 폭탄 피해를 입은 백화점에서 라디오 수리점으로 시작하였다. 이후 모리타 아키오가 합류하면서 동경 통신 주식회사를 설립했다. 1955년 미국을 방문 한 이부카가 트랜지스터 기술을 도입하게 되고 라디오 소니가 탄생하게 된다. 1958년에 사명을 소니로 바꾸고 1960년에는 미국에 지사를 설립했다. 이후 스위스, 홍콩, 영국 등에 계열사를 설립해 글로벌 기업으로 성장해 나갔다.

도오요레이용에는 관리직이 1천 2백 명이나 된다. 이 중에서 부·과장이란 직함이 붙어 있는 것이 반수인 6백 명이나 되며 나머지 6백 명은 관리직이라고 해도 포스트가 확실치가 않다. 여기서 40세 이상의 관리직 40명을 선발하여 정년 전에 차분하게 다른 직을 찾게 하려고 6개월 동안의 자택 연수제도를 적용했다는 것이다.

이와 같은 신사적인 인원 정리는 그런대로 좋은 편이며, 좀 더 사무적인 인원 합리화를 행한 기업도 적지 않다. 즉 계열의 자회사로의 전출, 희망퇴직, 자의 반 타의 반 퇴직, 지명해고라고 하는 방법이다.

일찍이 소니, 산요 전기와 함께 3S 성장기업이라고 하는 플라스틱의 적수 화학에서는 창업자인 우에노 대표이사가 회장으로 추대되면서 인원 정리가 보다 엄격했다. 현장에서 판매 부문으로 550명이 배치전환이 되었고 관리직 40명이 자회사로 밀려 나갔을 뿐 아니라 부·과장도 평사원으로 강등되는 가혹한 현상이 나타났다.

3개월 반 동안에 인원 정리를 한 회사는 노동성에 보고 된 것만도 998개 사나 되었고, 정리된 샐러리맨은 2만 4천 3백 16명이나 되었다. 우선, 가장 정리의 대상이 되었던 것은 결혼 적령기의 여성과 노령자, 그 외에 일을 게을리하는 사람, 열의가 결여되어 있는 사람들로 이런 사람들은 간부이든 평사원이든 구별하지 않고 해고를 선고했다.

증권회사의 경우에는 45세 이상의 고령자가 대상이 되었지만, 그런대로 현장에서 부지런히 일하고 있는 사람은 제외했다고 하니 나이를 먹었더라도 열정을 간직한다는 것이 중요하다.

해고를 물리칠 수 있는 방법

젊다는 것은 어떤 회사에서도 정리에서 제외될 수 있는 최대의 조건이다. 그러나 앞으로 회사에 공헌할 수 있는 여지가 충분히 있는가를 생각하게 한다. 또한, 조직의 일원이라는 것을 굳게 새기고 전문가로서 분명한 목표로 갖고 일하는 샐러리맨은 절대 해고는 당하지 않는다고 한다.

기업은 그룹으로 일하는 곳이기 때문에 거기서 일하는 샐러리맨에게 형식을 갖추는 것을 강하게 요구한다. 예를 들면 지각하지 말라, 결근하지 말라, 성실해야 한다는 기본적인 것은 당연히 중요시된다. 주위와 협력하지 않는 독선적인 행동은 그룹에서는 예의 주시하게 된다. 그러므로 '나 하나쯤이야' 하는 생각을 갖고 독선적인 행동을 하는 것은, 회사가 돈을 벌든, 손해를 보든 내 알 바가 아니라는 것과 같다. 그런 행동을 하는 것은 샐러리맨으로서는 실격이다.

그런 것을 충분히 터득한 다음, 스페셜리스트를 목표로 공부해야 할 것이다. 특히 20대, 30대의 젊은 나이 때는 상사의 안색 같은 것에 문제 삼지 말고 공부한다. 스페셜리스트만 되면 회사에서 해고를 당하더라도 다른 기업으로 가서 충분히 좋은 대우를 받고 고용될 수 있다.

그럼, 어떻게 하면 스페셜리스트가 될 수 있는가?

회사에서 돌아와 잠을 잘 때까지의 4시간 동안- 이 시간을 사용할 줄 아는 것이 중요하다.

적어도 그 반인 2시간을 자기가 지금 하고 있는 일의 공부로 할당한다. 그것도 될 수 있는 한 범위를 좁히도록 - 간단한 회계 방법 같은 작은 전문적인 것부터 시야를 넓혀 세계 경제의 동향, 철학, 사회학의 명저까지 눈길을 돌린다.

1년에 7백 30시간을 공부하고 다시 한 가지의 테마를 5년에서 10년 동안 연구를 하면 기업에서 필요로 하는 스페셜리스트가 된다는 것이 어려운 일은 아니다. 그러나 그것이 재능을 팔기 위한 스탠드 플레이가 되어서는 오히려 출세에 방해가 된다.

악착같이 회사에서 자기의 일을 중심으로 공부하고 연구하는 것이 중요하다. 하지만 전혀 다른 부문의 전문가가 되는 것은 스페셜리스트라고 말할 수 없다. 회사에서 귀가하여 열대어 사육이나 마작의 실전기술에 열중 하고 있는 사람도 있다.

언제 해고를 당해도 이 길에서 밥은 먹을 수 있다고 하면서 만일에 대비하기 위해 스르로는 열심히 한다고 할지 생각할지 모르나 그것으로 첫째가 된다고 하는 것은 무척 어려운 일이다. 중도에 좌절할 경우에는 가족들만 힘들게 하는 신세가 될 것이다.

해고에 강해질 수 있는 다섯 가지 조건

해고에 강해질 수 있는 방법은 첫째는 자기 암시라고 하는 심리학적 방법이다.

" 나는 중역이 된다. 나는 탑이 될 수 있는 비즈니스맨으로서의 힘을 가지고 있다."

끊임없이 자기에게 깨우치면서 그것을 믿는 일이다.

해고당할 대상인가? 이런 생각을 하고 있으면 안 된다. 어떤 일이든 불안감은 일에 방해가 되기 때문에 오히려 해고를 당할 대상이 되기가 쉽다.

다음과 같이 해고를 당하지 않도록 하는 다섯 가지 조건을 열거해본다.

첫째, 불만 불평을 하지 않으며 어두운 것은 생각하지 말고 밝은 면만을 보면서 생각하라.

둘째, 자기를 일등품으로 만드는 데 노력한다. 따라서 몸치장도 일류품으로 갖추고, 여행 시에는 일류 호텔을 이용한다. 잡동사니 같은 물건만 신변에 놓고 있으면 자기도 잡동사니가 되기 쉽다.

셋째, 같은 패거리는 같은 처지를 부른다. 가난한 인상의 친구들, 경기가 없어 쓸데없는 말을 하며 한탄만하는 친구들, 그리고 가정의 궁상스러운 말만 하려는 친구는 피하라.

넷째, 자기는 무한한 아이디어가 잠재해 있다는 신념을 갖는다.

다섯째, 과거의 실패는 잊어라, 장래에 대해서 너무 기우심을 갖지 말라.

그러한 마음가짐 외에 객관적으로 냉정히 자기의 입장을 분석하는 것을 게을리해서는 안 된다. 불만 불평이 생기면 무엇 때문인가? 상사로부터 미움을 당하면 그 원인은 뭔가? 하고 깊이 규명하고 분석하지 않으면 그저 불평스런 분위기에 빠져서 음기(陰氣)의 사원이 되어 버린다. 이러한 샐러리맨이 감원대상의 첫 번째가 된다는 것을 잊어선 안 된다. 만일 좌천을 당하던가, 출장사원이 되었을 때는 그야말로 솜씨를 발휘하면서 분기할 일이다. 도시를 떠나게 된다던가, 출세에서 제외되었다고 불만할 것이 아니라 흡족하게 솜씨를 발휘해야 한다.

불황은 샐러리맨에게 있어서 실력을 보여줄 절호의 기회인 것이다. 그리고 호황 시에는 그저 말이 마차를 끄는 것처럼 닥치는 대로 일을 해야만 하므로 자기 시간도 제대로 가질 수 없을 정도지만, 불황기에는 충분히 자기 자신을 충실하게 할 수 있는 시간적인 여유를 얻을 수 있다.

해고당하는 일을 겁내서는 안 된다. 그럴 때는 오히려 샐러리맨은 공격태세를 취하고 보다 적극적으로 일을 해야 한다. '공격은 최선의 방어'라는 말은 이 경우에도 예외가 될 수 없다.

궁지에 몰린 회사에 매달려 있어서 무엇 하나

아무리 자신을 독려하고 노력해도 회사가 경영을 제대로 못해서 마침내는 권고사직을 당하는 예도 있다. 그 정도로 궁지에 몰려 있는 회사라면 더 매달려 있어 봤자 그것은 오히려 자신에게 손실이 될 경우라고 생각을 하는 것이 좋다.

A 군은, 도산 선풍으로 쓰러진 'T'라고 하는 모터사이클 메이커의 영업과장이었는 데, 도산에 의한 실업으로 완전히 신경쇠약증에 걸려 고향인 오카야마 현으로 낙향해 버리고 말았다. 그러나 언제까지나 놀고만 있을 수 없어 친척의 소개로 오카야마시의 어느 운송회사의 사무원으로 취직을 했다. 월급은 도쿄 시내 보다 30% 이상이나 낮았으나 물가가 싸기 때문에 그리 어려움은 없었다.

그러나 그 회사의 변동이 많은 경영방식에 정이 떨어진 A 군은, 만일 내쫓기면 다시 도쿄로 가서 일하겠다는 배짱으로 대표이사에게 사무를 개선할 것을 요구했다. 처음에는 건방지다고 화를 내며 듣지 않았다. 그러나 시간이 흐르면서 A 군의 개선안에 대표이사가 귀를 기울이기 시작했다. 그리하여 그 회사의 경영은 정상의 궤도에 올랐고, 평사원으로 입사했던 그는 반년 후에 영업부장, 2년 후에는 대표이사의 신임으로 상무 자리에 앉게 되었다. A 군은 그때 내쫓기지 않았더라면 피합병 사원으로 비참하게 눈치나 보며 일했을 것이라고 쓴웃음을 흘렸다.

대체로 일본에서는 모든 비즈니스가 도쿄를 중심으로 이루어지고 있다. 그래서 인재도 도쿄에 지나칠 정도로 몰려 있다. 그래서 지방에는 아직도 인재가 부족한 상태이기 때문에 과감히 지방 산업으로 근무처를 옮겨보는 것도 좋은 방법이다. 만원 전차에 끼어서 고생하는 일, 비싼 집세를 지불해 가면서 통근할 필요가 없다. 그리고 오염된 공기 때문에 더 이상 신경 쓸 필요도 없다.

뭐니 뭐니 해도 물가가 싸서 살기도 좋다.

앞으로는 지방 개발도 이슈가 될 것이므로, 장래성을 충분히 생각할 수 있다. 지방에서 중소기업을 경영하고 있는 젊고 유능한 대표이사 밑으로 뛰어들어가면 도쿄의 비즈니스라는 캐리어가 충분한 도움이 되어 줄 것이다. 도쿄에 있으면서 평사원으로 끝을 내는 것보다는 탑 매니저가 될 수 있는 기회도 많을 것이다.

인간으로서의 야성을 상실한 샐러리맨

경제평론가인 다까지마가 '샐러리맨 일변 3전설'을 외친 일이 있었다. 대표이사가 일변 20전, 부장이 10전, 과장이 5전, 평사원의 3전 정도라는 것이다.

평사원으로서 일변 3전 이상의 능력이 있는 사람이라면 5년 근무한 후 퇴직하여 독립하는 것이 득이다. 이러한 사람은 뭔가 전문적인 일을 하는 것이 좋다. 회사의 대표이사나 중역보다도 좋은 수입을 얻을 수 있는 가능성의 전문가가 되는 편이 큰돈을 잡을 수 있다는 계산이 나오는 것이다.

샐러리맨이라는 직업은 단 한 번 뿐의 인생을 형편없이 만들 가능성도 있다. 결국, 인간으로서의 야성을 상실해 버리는 것이다. 아프리카의 초원을 주름잡고 있는 사자와 동물원의 우리 속에서 사육되고 있는 사자를 비교해 볼 때, 어느 쪽이 사자답게 살아가고 있느냐 바로 그것이다.

샐러리맨의 생활은 안정되기 때문에 부럽다고 하는 사람도 있지만, 그것은 표면만의 관찰이며 이면의 추한 것들이 발목을 잡고 있다. 표면은 안온한 봄날의 바다처럼 잔잔해 보이는 듯하나 그 밑에는 복잡하고 괴기하기 이를 데 없는 것이 실체이다. 맹독을 지닌 물고기도 있고 사람을 먹는 상어도 있다. 절대 한가하고 편안하게 살 수 있는 세계는 아니다. 더구나 샐러리맨 천국의 조건이었던 보너스나 연봉 서열 등은 차차로 능력급으로 대체되고, 100% 일을 해도 60% 정도의 연봉밖에는 받지 못한다. 이미 샐러리맨 천국의 시대는 지나갔다고 할 수도 있다.

K 전기회사에 근무하고 있던 C 군은 입사 3년 만에 회사가 도산되고 말았다. 한때는 전도가 암담해 생활의 불안에 떠는 날이 계속되었다. 그는 한때 TV의 애프터서비스 일에 종사한 경험이 있었다. 그래서 그는 과감히 친지들을 찾아다니면서 자금을 모아 호출하는 전화가 가설된 값싼 사무실 하나를 임대한 다음 'TV 기술자 모집'이란 신문광고를 내어 2명의 기술자를 채용하고 중고 스쿠터 3대를 장기 할부로 매입했다.

그리고 전기 메이커나 판매점에 가서 애프터서비스의 일을 대행했다. C군은 2명의 사원과 함께 아침부터 밤까지 거리를 뛰어다니며 일을 했다. 샐러리맨 시대보다 배 이상으로 일을 하게 되자 피로가 이루 말할 수 없었지만, 자기 사업이라고 생각하니 힘이 솟구쳐 매일 용기를 내 서비스를 해나갔다.

마침내 일에 대해 자신이 늘어 전기 서비스 회사로 발전시켜 TV 이외에도 모터, 냉장고 등의 수리까지 손을 뻗쳐 10명의 사원을 데리고 많은 실적을 올리게 되었다. 샐러리맨으로 남아 있었다면 지금쯤은 겨우 과장 정도가 되었을 것이다. 장래에는 전기관계의 종합 서비스 회사까지 발전시켜 보려고 열심히 일하고 있다.

해고는 인생의 오점인가?

전에는 해고라는 선고는 인생의 마지막을 뜻하기도 했다. 회사에서 해고당하는 것은 인생의 한 가지 오점이자 수치이기도 했다. 그리고 그것은 내일의 생계까지 직결되었다.

그러나 그것은 실업자 홍수시대의 일로 오늘날에 와서는 단순히 근무처를 바꾼다—는 뜻으로 변해 버렸다. 일방적으로 선고한 해고령이라해도 그만두는 쪽에 있어서는 뭔가 자발성이 있는 것처럼 되어 왔다.

옛날 여성들에게 있어서 이혼은 죽음을 뜻할 정도로 중대함을 갖고 있었지만, 지금은 재기 후 자신의 새로운 인생을 살아간다. 이처럼 해고도 새로운 직업 코스로 이동해 가는 것과 같은 것으로 변해 왔다.

우선 해고를 하는 쪽에서도 그런 배려를 하는 것으로 변해왔고, 해고를 당하는 쪽에서도 자진해서 그만두는 것이 일반화되는 시대로 변해왔다. 사람이 부족한 것이 큰 원인이다.

이미 젊은 노동자는 구인난으로 인하여 그러한 경향이 더욱 두드러질지도 모른다. 이것은 일본 전체로서의 경제적인 방향일 뿐이지, 개개인 모두에게 그런 경향이 들어맞는 것은 아니다. 실제로 고령자층의 사람들이 취직하기 어려운 것은 옛날과 그리 변화가 없다. 전체의 형세와 개인과는 차이가 있다는 것을 충분히 주의하지 않으면 안 된다. 구직난 시대란 해고를 당해도 그렇게 심한 타격이 되지 않는다는 것을 뜻한다.

그러므로 회사에서 내쫓겼다 하더라도 자신의 인생을 비관할 필요는 없다. 오히려 자신에게 특별한 재능이 있다거나 이런저런 사정에 밀려 시도조차 하지 못했던 일들을 이 기회에 도전해 보는 것도 좋은 방법이다. 요컨대, 해고를 당한 것이 하늘이 준 인생의 큰 기회라고 달관하는 것도 좋은 생각이다.

내쫓긴 것이 오히려 전화위복이 되는 경우도 많다. 전기라고 하는 것은 좀처럼 자신 스스로 만들어 내기가 힘든 것이다. 이러한 계기를 잡을 기회이므로 절대 비관할 필요가 없다.

이 계기가 성공할 수 있는 계기가 되는가? 불운의 출발이 되는가는 그것을 극복해 나갈 수 있는 본인의 마음가짐과 노력일 뿐이다.

해고가 열어 준 성공의 길

시나가와(品川) 백년와(百年瓦) 대표이사에서 도쿄 전력의 회장까지 역임한 아오끼(靑木均一)는 도쿄 고상(高商)을 졸업하자마자 도쿄 모직에 입사해 미래의 모직왕이 되어 보겠다는 꿈을 가졌다.

1년이 채 안 되어 신설된 모사부(毛絲部)를 담당하게 된 그는 자주적으로 일을 연구하는 데 전념해 나갔다. 외국제품이나 국산 등 다른 회사의 제품을 자기 회사의 제품과 세밀하게 검토하여 통계를 낸 다음 공장장이나 기술자에게 그 결점을 묻고, 현장의 반장에게도 납득이 가지 않는 점을 질문해 가면서 열심히 결점을 제거할 수 있는 대책을 연구했다.

그런데 이 통계가 상무의 눈에 거슬러 기술 관계의 모든 사람이 힐책을 당하자 그들은 참을 수가 없었다. '모사부의 아오끼 놈? 필요 없는 짓을 하고 있으니까 우리들이 욕을 먹는다'라고 많은 관계자들로부터 한꺼번에 원성을 사고 적을 만들어 버리고 말았다. 다음 해 아오끼를 이해해 주던 상무가 사내의 문제로 퇴진하게 되었다.

파벌 관계도 없었고 밑의 사원들로부터도 별다른 일이 없는 것으로 알고 있었는데, 어느 날 갑자기 중역의 호출을 받았다.

"너를 다른 부서로 옮겨 주려고 했는데 어느 부서에서도 아오끼는 쓰지 않겠다고 해서 난처한 지경에 있다. 너와 같이 잘난 사람은 사내에는 눈길을 돌리지 않고 있나?"

비꼬는 투로 회사를 그만두라는 뜻의 말을 했다. 젊은 아오끼는 순간적으로 와 닿는 것이 있었다.

"그렇게 제가 방해된다면 나가겠습니다. 남자가 일할 수 있는 곳은 얼마든지 있을 테니까 말입니다"

그는 곧장 사표를 써내고 도쿄 모직을 그만두었다. 왜 회사를 그만두어야 했는지 그는 알지 못했다. 회사를 위해서 분골쇄신 일해왔는데 그저 건방지다는 이유만을 가지고 해고하는 것은 무슨 경우인가.

'열심히 일한 결과가 해고라니……'.

자포자기적인 심정으로 퇴직금을 받아 혼자 관서지방으로 여행을 떠나 심기일전 인생 공부를 다시 했다.

다시 귀경한 그는 닛봉토관이라는 작은 회사에 입사를 했다.

시골에서 토관 만드는 일을 하면서 한때 모직 왕이 되어 보겠다고 다짐했던 일을 생각했다. 정이 떨어지면서 눈물까지 나왔다. 대표이사인 이또오는 해고당한 이유를 듣고,

" 아오끼 군, 그것은 자네 쪽이 정당하네. 해고를 한 회사 측이 잘못 했네. 그러니 그 분함을 이 일에 열정을 쏟아 일해 주게"

하고 격려해 주었다.

이또오 대표이사의 말을 듣고 '이런 사람이라면……'.

한이 풀리지 않고 있던 아오끼는 온 정열을 새로운 일에 경주하여 성공의 길을 찾아가게 되었다.

더구나 그는 그 사건 이후, 상대의 입장을 잘 생각해 보고 나서 발언하는 신중함과 검소한 태도까지 배워 인격 완성에 큰 도움이 되었다고 한다.

돈을 빌리지 말고 지혜를 빌려라

8

역경의 밑바닥으로
떨어졌을 때

8

역경의 밑바닥으로 떨어졌을 때

역경을 한탄하며 슬퍼하지 말 것

한민족은 옛날 중국 북방에 살던 이민족을 호[胡]라고 하여 매우 두려워하고 있었다. 그 호[胡]와의 국경에 있는 어느 요새 마을에 노옹(老翁)이 있었다. 어느 날 무슨 일인지 모르나 노옹의 말이 국경을 넘어 호나라 땅으로 도망쳐 버렸다.

옛날 중국에는 남선북마(南船北馬)라는 말이 있을 정도로 남쪽 지방은 배, 북쪽 지방에서는 말이 중요한 교통수단이었기 때문에 인근 사람들은 노옹이 말을 잃어버린 것을 매우 동정하고 위로해 주기 위해서 그를 찾아갔다. 그러나 말 주인인 노옹은 조금도 동요하는 빛을 보이지 않았다.

"아냐, 아냐! 염려해 주는 것은 고마운 일이나 그것은 그렇게 곤란한 일은 아닙니다. 의외로 멋진 말이 되어 올지도 모르겠습니다."

하고 말하고는 태연한 표정을 했다. 그런데 무슨 일인지 수개월 후에 그 말은 노옹의 말대로 호나라의 좋은 말 두 필을 이끌고 돌아왔다. 노옹의 집은 마침내 세 마리의 말을 갖게 되었다. 그런 말을 들은 근처의 사람들은 '참으로 그 영감은 호사를 했으니 무척 기뻐하겠군!'

하고 노옹을 방문했더니 노옹은 조금도 기뻐하는 기색을 보이지 않았다.

"아냐, 아냐. 이것이 재앙이 될지도 모르는 일이야!"

마침 노옹에게는 나이든 자식이 있었는데 호나라에서 온 말을 승마하기에 좋은 명마로 생각했다가 한번 달려보겠다는 생각에 기쁜 마음으로 말을 탔다. 그가 올라타자마자 말이 갑자기 발광하기 시작해 낙마하여 다리뼈가 부러지고 말았다.

호나라에서 온 말에 떨어져 귀중한 자식이 병신이 되었다는 말을 들은 사람들은 문안차 다시 노옹의 집으로 갔다.

그러자 노옹은 변함없이 화도 내지 않고 슬퍼하지도 않고 여전히 태연한 모습이었다.

"아냐, 아냐. 이것은 행복한 일인지도 몰라요."

그로부터 1년이 지난 후, 마침내 호나라 군대가 국경을 넘어서 침공해 왔다. 성채 근방의 젊은 사람들은 모두가 활을 가지고 나가 호군과 싸워 10명 중의 9명은 전사하고 말았다. 그런데 노옹의 아들은 병신이었기 때문에 전쟁에 끌려나가지 않고 싸움이 끝난 뒤에 부자는 편안하게 살아갔다는 말이 있다.

중국의 고서 준남자(准男子)에도 인간 훈으로서 그 말을 인용하여 '그 화가 오는 것은 사람 스스로가 자처하는 것이고, 복이 오는 것도 사람 스스로가 만드는 것이다'라고 말하고 있는데, 이것은 인생의 진실한 모습을 그대로 나타내 보여주는 말이라 하겠다.

인간의 일생이라고 하는 것은 부침의 연속인 것이다. 그러므로 역경에 놓여 있다고 하여 절대 실망하고 한탄할 일이 아니다.

반대로 '득의의 절정'이라고 여겨질 때도 절대 방심해서는 안된다. 이렇게 항상 최선을 다해 나가면 운명을 어느 정도 자신의 생각대로 할 수 있는 것도 불가능한 것은 아니다.

역경에 굴하지 말고 순조로운 환경을 만들어라

중국 명나라 때에 쓴 채근담에도 다음과 같은 교훈이 쓰여져 있다.

"역경에 처했다 하여 비관해서는 안 된다. 고심하는 속에서 마음을 기쁘게 해줄 수 있는 앞날의 광명을 발견할 수 있는 것이다. 또한 순조로운 환경 속에 있다 하더라도 낙관해서는 안 된다. 득의가 만만할 때도 왕왕 실의의 슬픔을 초래할 수도 있기 때문이다."

이것도 노옹의 말(馬)과 같은 생각이다. 이것은 동양의 철인이 인생을 내다보고 얻은 지혜라고 하겠다.

역경에 놓여도 절망하지 말라, 순조로운 환경이라고 해서 방심하지 말라. 이것은 비즈니스맨뿐만 아니라 모든 인간들이 항상 명심하고 있어야 할 일이다.

이것은 야마모또라는 훌륭한 노인의 말이다.

"옛날 어느 곳에 개희선사라고 하는 선생이 있었다.

문자 그대로 기쁜 선사로, 이 선생은 연중 희색이 만면하여 어느

때도 슬퍼하는 표정이나 괴로워하는 표정을
갖지 않았다. 이름도 바로 거기에서 붙인 것이
다. 그래서 화내는 말도 하지 않고 어리석은 말
도 절대 하지 않는다. 날씨가 좋으면 오늘은 탁
발을 하게 돼서 감사합니다. 비가 오면 마음을
놓고 좌선을 할 수가 있어 감사합니다. 사람이
오면 말 상대가 생겨서 감사하다 사람이 찾아오
지 않으면 편히 독서할 수가 있어 감사하다. 날
씨가 더우면, 더울 때가 되면 더워야 한다. 날씨
가 추우면, 추울 때가 되면 추워야 한다.

채근담
(명나라 말기, 홍자성(洪自誠)지음)

중국 명나라 말에 쓰인 2
권으로 된 전집이다. 사
람들과의 관계, 처세, 인
생의 락에 대한 356조
의 단문으로 이루어졌으
며 사상적으로는 유교가
주를 이루고 불교, 도교
의 사상도 가미되어있다.
동양 사상에 기반을 둔
인간관계학이라 말할 수
있으며 중국에서 나온
책이지만, 일본에서 더
많은 독자들에게 읽히고
있다.

우선 이러한 안배로서 모든 것이 고맙고 고맙다. 있는 그대로의
모습으로 마음속에서 우러나오는 합창이다. 이 정도가 되면 개희선
사만이 아니라 모든 사람이 개희선사가 될 수 있다. 모든 것을 즐겁
게 보려고 하면 모든 것이 다 즐거움의 씨앗이 된다. 감사하기에 앞
서 비뚤어질 것은 아무것도 없다."

마치 설교 같은 말이지만, 이것도 노옹이 말(馬)의 종교적인
받아들임의 하나와 같은 것이라 하겠다.

데고우 홍산의 대표이사는 종전으로 만주나 중국에 많은 투자

사업을 남겨 둔 채 귀국했다. 그는 그런 역경 속에서 오늘의 아포로 석유- 데고우 흥산을 다시 재건한 역경 극복의 달인이다.

그의 역경 철학은 그러한 사실의 뒷받침 때문에 광채를 발하고, 천근의 무게를 갖고 있다고 하겠다.

"순조로운 환경이라 해서 낙관하고 역경에 처했다고 해서 비관한다. 이것은 누구나 당연한 것처럼 생각되지만, 사업가로서는 대단히 잘못된 것이다. 잘 되었다고 해서 그것이 언제까지 계속되는 것은 아니다. 그러므로 순조로운 환경에서는 그 이면을 보고 대비해야 하며, 역경에서는 그 장래를 넘겨다보고 용기를 내는 것이 우리 사업가의 태도가 되지 않으면 안 된다. 나는 항상 순조로운 환경에서는 비관하고 역경에 처해서는 낙관해 가면서 일해 왔다.

또한, 종업원들에게도 그렇게 교육해 오고 있다. 날씨가 좋은 날에는 비에 대한 준비를 잊지 않고, 비가 오면 맑은 날에 대비하는 마음가짐만 갖고 있다면 날씨가 맑든 비가 오든 안심하고 열심히 일할 수가 있다. 갠 날에 날씨가 맑다고 당황하든가, 비가 오면 비 온다고 해서 허둥대면 언제 힘껏 일할 수 있겠는가. 모든 것은 항상 뒷받침해놓고 최선을 다해야 할 일이다."

이렇게 보면 만주와 중국에서 맨손인 채 일본으로 돌아온 그는 종전 당시에, 무척 낙관하고 있었던 시기였는지도 모른다.

어느 기업이 고리 업자로부터 거액의 돈을 대출하여 성대하게 사업을 시작했다고 하자. 고리대금을 갖다 쓰는 것은 그 기업에 있어서는 치명적인 위기인 데도 그 사실을 전혀 모르는 일반인의 눈에는 마치 사업이 퍽 좋아진 것처럼 보이지만, 실태는 크게 다른 것이다.

또 경영이 곤란하면 약속어음의 할인이 잘 안 되고, 은행에서는 융자금의 상환을 독촉한다. 하청기업도 불안해져서 일하고 싶은 마음이 생기지 않는다. 이런 것을 막기 위해 경기가 좋은 듯이 언론 커머셜을 흘리던가 대형 광고를 내 부진함을 위장할 수도 있다. 이런 것을 본 사람들은 그 회사는 '대단하다. 나날이 발전하는 모양이다'라고 생각하고 있다가 내일은 도산- 그런 황당한 일도 왕왕 볼 수가 있다.

이런 것들을 정확하게 분석해서 보면 기업이 위기에 빠져드는 하나의 현상에 불과하다. 이것은 결국 본질이 비뚤어지고 굴절되고 거꾸로 서게 만든 허상인 것이다.

수표에 쫓겨 대중교통을 이용할 수 없어 택시를 타고 달려가는 것을 이웃 상점 주인이 보고 '저 사람은 돈을 많이 벌어서 택

수에즈 분쟁
(1956년 10월 29일)

1956년 10월 29일에 이스라엘이 테러리스트의 기반을 파괴한다는 명목으로 이집트에 쳐들어갔고 수에즈 운하를 겨냥하고 있었다. 곧이어 11월 5일에 영국과 프랑스 군대 약 8,000여 명이 이집트로 들어갔다. 이집트의 공군 비행장은 폭격을 맞게 되고, 이집트의 대통령 나세르는 강제로 배를 가라앉혀 운하를 폐쇄해 버렸다. 국제 교역을 안전하게 지키고 국익을 도모하기 위해 출전했던 대영제국은 결국 국내 경제 사정으로 인해 철수할 수밖에 없었다.

시만 타고 다니는 군. 제기랄……'하고 시기를 할 정도이다. 이것이 다른 사람의 눈만이 아니고 본인의 눈도 이상해질 때가 있고, 또 본인의 눈에도 전혀 보이지 않을 경우도 있다.

오사카 지점장으로 영전- 이라고 해서 부임하면 그곳 회계 주임이 크게 훔쳐먹은 일 때문에 감독불이행이라는 고발을 당해 해고당하는 일도 있다. 지점장으로 영전해 간 것이 불운한 탓이라고도 하겠지만, 발령장을 받아든 당시에는 그런 사태가 기다리라고는 생각도 못하고 가족과 함께 크게 기뻐했을 것이다.

이러한 허상에 현혹되지 않도록 하기 위해서는 국부의 현상뿐 아니라 그 본질의 발현형태(發現形態)인 많은 현상에 관해서 잘 조사해 보고 잘 생각해보지 않으면 안 된다.

1955년부터 56년에 걸쳐서 발생했던 수에즈 분쟁은 해운계에 활기를 불어넣어 주었다. 대부분의 선주들은 이러한 행운이 오는 상황이라면 앞으로 운임이 상당히 오를 것으로 예상해서 장기계약을 체결하지 않았으나, 닛도오 상선만은 다른 선주들보다

낮은 운임으로 장기계약을 체결했다.

'닛도오 상선은 욕심도 없다. 쓸데 없이 바보짓을 하고 있다.'

라고 비웃고 있는 사이에 운임이 내림세를 보이자 다른 선주들은 당황하기 시작했으나 이미 때는 늦어 닛도오 상선 혼자서 수년 동안 안정된 업적을 쌓아 올릴 수가 있었다.

도시바 도쿄
1875년 설립

1875년 다나카 제작소를 설립했다. 1939년 도쿄 전기와 합병하여 지금의 도시바로 사명을 바꾸었다. 최초로 개발한 것이 많은 도시바는 디지털 컴퓨터, TV 의료분야의 MRI 시스템, 노트북 등으로 글로벌 기업으로 성장했다. 2001년 한국에도 설립되어 개인용 노트북, 사업용 노트북, 노트북이 판매되고 있다.

옛날 말이지만 오우시사 제지라는 것이 있었다. 후지하라가 경영을 인수받았을 때의 오우시사 제지는 유명한 적자회사였다. 후지하라는 전무로 입사할 당시 이 회사와 운명을 함께할 각오로, 가지고 있던 모든 재산으로 휴지 조각이나 다름없는 오우시의 주식을 샀다.

생전 처음으로 자기 힘으로 세운 집까지 저당을 잡히고 주식을 사고 배수진까지 친 이야기는 지금도 유명하다.

온갖 곤란한 상황에 둘러싸이면 그것을 돌파할 수 있는 경영진이 있는가 하면, 기울었다고는 하지만 아직은 주어진 조건이 좋은 상황에서도 스스로 파국으로 빠져들어 가는 경영자도 있다. 이러한 차이는 도대체 어떻게 해서 생기는 것일까.

세상에는 회사 재건의 명인이 있기 마련이다. 닛뽕 화약의 하라야스라든가 도시바 대표이사인 쯔찌미쓰 등이 그 대표적인 존재이다.

미쯔꼬시의 전 대표이사인 나가이와도 그 한 사람이다. 그는 전후 미쯔꼬시 경영이라는 난국에 직면하여 고생한 경영자로서 최악의 시기에 최악의 사업에 뛰어들었던 모험에 대해서 이렇게 말하고 있다.

"무슨 일이든 최악의 사태를 인수한다는 것은 무척 손해를 보는 주판 놀음이다. 그러나 조그만 주판으로 튕겨 보면 손해로 나타날지 모르나 좀 더 큰 주판으로 튕겨 보면 반드시 손해로만 나타나지 않을 것이다. 그것은 모든 인생에서 가장 중요하게 봐야 할 일이다.

사업에 있어서나 회사경영에 있어서나 사람은 최악이라는 것을 무서워하며, 그 최악을 내던져 버리고 싶어 한다. 그러나 최악의 사태에 이르게 되면 이미 그 이상으로 나빠지지 않으므로 주식에 있어서도 그것을 팔려고 할 것이 아니라 매입을 해야 한다. 당황해서 손을 털어 내려고 할 것이 아니라 오히려 자진해서 매입할 일이다.

최악의 시간에 최악의 사업에 뛰어드는 것을 사람들은 그자는 그런 사람, 또는 별수 없는 바보 놈으로 보기 일쑤이지만,

그러나 앞을 내다보는 것이나 장사를 하는 것이나 마찬가지로 최상일 때도 하나의 전망적인 계획을 세워두고, 최악일 때도 하나의 전망적인 계획을 세워 두면 그것이 틀리지 않는 한 반드시 성공한다"

하라야스는 역경에 처해있든, 순조로운 환경에 놓여 있든 마지막까지 해본다는 신념을 가지고 있다. 그의 신념이라는 것은 다음과 같은 것이다.

"나는 어떠한 실패에도 쩔쩔매지 않는다. 사업에 대해서는 항상 불퇴전의 결의를 가지고 대결해 오고 있다. 아무리 최악의 사태에 놓여 있는 사업이라도 절대 이것을 버리지 않고 제2의 단계로 밀어 올릴 때까지 최선을 다한다. 예를 들어, 그 후에 마무리를 타인에게 맡길 경우에도 될 수 있는 한 부담이 적은 데까지 줄여서 인도해 준다. 아무리 잘못 되더라도 절대 도중에 자포자기를 하던가 내던지는 일은 하지 않는다.

반대로 이번엔 성공의 경우인데, 이 정도라면 괜찮다고 분수에 넘치는 일을 해서는 안 된다. 성공하면 성공하는데 맞춰서 점점 치밀하고도 과학적으로 그 본질을 검토해야 하고 타인에게 맡기고

피터 드러커
(1909년~2005년)
경영학자, 작가

미국 정부의 자문 위원으로 활약하였으며, 뉴욕대학교 비즈니스 스쿨 경영학부 교수가 되어 본격적으로 경영학을 연구하였다. 세계 유수 대학교에서 강연하였으며, 현대 경영학을 체계적으로 정립한 경영학자로 평가받는다. 피터 드러커의 저서들은 국내에서 베스트셀러로 판매되고 있고 경영인으로 필독서이기도 하다. 죽기 전 마지막으로 지필 한 『넥스트소사이어티』에서는 한국에 대해 높은 평가를 하기도 했다.

손을 떼는 그런 일을 하지 않는다. 하나에서 열까지 스스로가 규명한다. 끝까지 한다."

"사업이란 것은 어느 정도의 예상이 틀리지 않는 한 반드시 다시 일어날 수 있는 것이다."

이러한 신념 위에 서서 회사가 비틀대고 있는 원인을 상세하게 분석하고 검토하여 뻗어 나갈 수 있는 것을 선택하고 가능성이 없는 것을 잘라 버리는 것이다. 당연한 말이지만, 그것이 가장 어려운 일이다.

피터 드러커는 정기적으로 경영을 점검하고 시대에 필요하지 않은 것, 또 앞으로 희망이 없는 것은 과감하게 버리라고 강조하고 있다. 합리주의를 과시하고 있는 미국에서조차 버린다고 하는 것이 무척 어렵다는 것을 잘 나타내 주고 있다. 도산이라든가 정리하는 상태에 있는 기업은 가부 없이 버리지 않으면 다시 살아날 수 없기 때문에 대수술을 한다. 잘 해나가면 그것이 다음에 크게 비약할 조건을 만들어 낼 수 있는 것이므로 이렇게 되면 '역경이 순조로운 환경이 된다는 것은 역설적이지만 진리이기도 하다. 다시 한번 '기업은 반드시 다시 일어설 수 있다'고 하는 하라야시의 신념을 다시 생각해 보고 싶다. 그 말은 일견 독단에 흡사하지만, 독단이라고만 할 수 없는 충분한 타당성을 지니고 있다.

내부의 화근만 제거된다면 기업 내부에 축적된 생명력이 외계의 상황변화에 적응하여 기회를 잡고 살아갈 수 있기 때문이다.

어려운 처지에 놓이면 놓여 있는 만큼 그것은 보다 변화에 민감해지며 기회를 적극적으로 끊임없이 구해야 하기 때문이다. 업적이 순조롭지 못한 기업은 거역하는 기풍이 내부에서 자라는 것을 피할 수 없다. 프로 야구에서 성적 부진으로 하위였던 팀이 패권탈취의 위기에 불타 진용을 정비 보강하여 패권을 차지하게 되는 경우가 있는데, 패자 교대 이론이 바로 여기에 존재하기 때문이다.

하나의 기업에만 고집하고 성의를 다해 나가는 방법은 그것이 맹목적인 방법 같아 보여도 종종 성공하는 경우가 많다. 그것은 도중에 숨이 끊어지지 않는 한, 끊임없이 변동하는 사회가 언제나 기회를 제공해 주기 때문이다.

신흥종교가 현세의 이익을 얻어 발전할 수 있는 것도 실제로는 그 신자가 '강하게 믿는다'는 것으로 인하여 현세의 이익이 얻

월리엄 제임스
(1842년 ~ 1910년)
철학자, 심리학자

프래그머티즘은 19세기
~20세기에 발생한 미국
의 독자적인 철학심리학
사상이다. 우리에게 잘
알려진 '실용주의 사상'
이 프래그머티즘에서 비
롯되었다.

'20세기 최대의 발견을

마음가짐을 변화시켜 그
사람의 인생을 바꾼다.'

'우리는 행복하기 때문
에 웃는 것이 아니고 웃
기 때문에 행복하다.'

-월리엄 제임스-

어지기 때문이다. 경영에 관해서 독자적인 강한 신념을 갖지 못하는 인텔리가 지닌 신심에서 발현된 '언젠가 반드시 이익을 얻을 수 있다'던 가 '나는 하나님이 돌봐 주고 있기 때문에 절대 패하는 일이 없을 것이다'라고 하는 자기 최면적인 신앙에 의해서 이익을 얻는 일도 많다. 그러나 그런 것은 합리적인 판단으로 떠받쳐 있는 것이 아니기 때문에 상황의 변화로 다시금 경영이 막다르게 되면, 다른 신흥종교로 달려가는 경우가 많이 보인다. 신념이란 외견상, 신흥종교의 신심과 거의 흡사하다.

프래그머티즘을 수립한 미국의 유명한 철학자이자 심리학자인 월리엄 제임스는 '신념이란 이론적, 영구적 불안이 일소된 심적 상태이다.'라고 정의를 내리고 장래의 일에 대해서 의문을 갖지 않은 상태라고 말하고 있다.

결국 '기업은 반드시 다시 일어설 수 있다', '곤란은 반드시 돌파할 수 있다'라는 신념은 그 자체는 특별한 증명이나 증거를 보이지 않더라도 제3자에 대하여 협력을 구하는 설득의 재료로서 더 이상의 것은 필요하지 않는 것이다.

이것만으로는 '신념'과 '신심'과의 구별이 명확치가 않다. 미국의 심리학자인 A. 벌브와 슈은 다음과 같이 말했다.

"사람은 이해 없이 믿을 수는 없다."
"신(信)이란 명석한 관념을 갖는 바로 그것이며, 우리가 명석한 관념을 가질 때는 즉 믿고 있는 것이다."

심리학자의 표현은 오히려 문제를 어렵게 만드는 경우가 있기 때문에 차라리 사업가인 하라야스의 표현을 빌리는 것이 이해하기 쉬울 것으로 생각된다.

"이 세상에 표정이 좋은 사람, 또는 선견이 밝은 사람이라고 하는 말이 있다. 표정도 선견의 밝음도 그 사람의 천품에서 오는 천성이라기보다는 오히려 상당한 지식과 경험을 쌓아 오며 얻은 판단력의 선물이라고 해야 할 것이다."

이 좋은 표정이나, 선견의 밝음이나 하는 것을 신념이라고 하는 말과 함께 놓고 보면 납득이 갈 것이다. 결국, 신념이 있는 사람이란 자기의 의견을 고집하는 사람을 뜻하는 것이 아니다. 풍부한 지식과 경험에 의해서 인생경영이라고 하는 진리의 한 측면을 터득한 사람을 말하는 것이 아닐까.

역경에 있는 당신을 지탱해 주는 것

이름을 날린 경영자라는 것은 모든 것을 분명히 하는 각자의 신념을 갖고 있는 사람이다.

그러나 그것을 강한 말로 표현시켜 보면 '근면해라, 숙려단행, 각고려행'이라고 하는 수신의 덕목을 늘어놓은 것, 같은 막연한 것이 되어 버리고 만다.

어떠한 금언(金言)도, 어떠한 질타 격려도, 어떠한 충고도 그것을 자기 자신의 것으로 만들기 위해서는 자기 과거에 있는 경험을 다시 생각해 내서 그것과 비교 확인해 보는 것이 중요하다.

예를 들어 성실했기 때문에 초래한 손실, 그럼에도 불구하고 그 성실로 인해서 얻을 수 있었던 신뢰, 그것이 가져다준 이익 – 그러한 것들이 자기의 경험과 일치될 경우, 성실이라는 것은 이야기꾼의 경험을 뒷받침해 주는 것이 아니고, 자기의 경험을 뒷받침해 주는 성실이라는 것으로 바꿔서 받아들이게 된다.

그리고 그 이후, 여러 가지 문제 속에서 약해지거나 버려지거나 또는 더욱 튼튼한 갑옷을 입고 하나의 강한 신념으로까지 성장하게 되는 것이다.

빈곤하고 불우했던 환경에서 입신한 강한 신념의 소유주 − 여러 가지 근성을 가진 인간은 그 사람 본래의 자질이라고 하기보다는 그 역경 속에서 살아온 체험이 만들어 준 것인데, 다시 말하면 단련시켜 만들어지는 것이라 해도 좋을 것이다.

가난이라는 테두리에서 벗어나려는 노력이 없다면 결국 회피하는 것이 되어 얻을 수 있는 것은 아무것도 없다. 그리고 생활조차 유지해 나갈 수 없을 경우에는 무조건 가난을 극복해 나가기 위해 노력하지 않으면 안 된다.

극복하고 성공하는 여부에 따라 '하면 된다'고 하는 신념이 생겨 앞으로 보다 큰 곤란이 닥쳐와도 이 신념과 극복 과정에서 다져놓은 능력으로 극복할 수 있게 되고, 그 신념과 능력은 한층 더 높아질 수 있는 것이다.

'역경을 극복할 수 있는 신념'은 역경을 만나 고통을 당할 때마다 성숙해지므로 점점 능력을 발휘하게 되며, 비즈니스 맨으로서 인간 완성으로 나아갈 수 있는 큰 요소가 될 수 있는 것이다.

9

가난의 아픔 때문에
울었을 때

9
가난의 아픔 때문에 울었을 때

돈이 있는 것이 강한가, 돈이 없는 것이 강한가?

미국의 대부호인 카네기를 향해서 어느 사람이 물었다.

"어떻게 하면 당신처럼 대부호가 될 수 있는가?

비결을 가르쳐 주시오"

"부호가 될 수 있는 가장 필요한 조건은, 돈 많은 집에서 태어나면 안 된다는 것이다. 가난한 밑바닥에서 태어나 가난의 아픔을 뼛속까지 맛본 자가 뱃속에서부터 도전과 열정을 가짐으로써 비로소 부호가 될 수 있는 것이다.

태어나면서 금수저나 입에 물고 이 세상에 나온 자가 어떻게 참된 부호가 될 수 있겠는가? "

'하늘은 스스로 돕는 자를 돕는다'고 하는 속담이 있다. '재앙과 복에는 문이 없다'라고도 한다.

스스로 자기의 운명을 개척하려고 하지도 않는데 어떻게 하늘이 도와주겠는가. 무엇보다도 불요불굴, 견인지구의 보람만이 하늘에서 은총을 내려 주는 것이다. '주부지우'라는 잡지를 창간하여 잡지계의 거인이 된 이시까와도 카네기와 같은 말을 하고 있다.

"나는 가난하게 산 것을 수치로 생각하지 않으며 또 과시도 하지 않는다. 더구나 가난했기 때문에 많은 이익을 얻었다고 하는 것만은 언제까지라도 잊을 수 없는 기쁨이다.

억지를 부리는 것은 아니지만, 부호의 아들로 태어나지 않은 것을 나는 마음속으로 감사하고 있다.

그럼, 가난 덕분에 얻은 것이 무엇인가? 하고 말을 하면 첫째로 돈을 쓰는 방법이 뛰어났다는 것을 말하고 싶다. 많은 사람은 '돈이 없어서 못 한다'라고 말을 하지만, 나에게는 돈이 없어도 앞으로 나갈 수 있는 자신도 있었고 공부도 할 수 있었다. 사람들이 '많은 돈이 든다'고 하는 사업도 돈을 그만큼 들이지 않고 할 수 있는 경험을 갖게 되었다. 분명히 돈을 살릴 수 있는 방법과 일을 부릴 수 있는 방법이 능숙해졌다.

이것은 모두 가난이 가져다준 덕분이다. 나는 돈이 없어 고통을 당한 적은 없었다. 지혜가 많지 못한 것은 한심하게 생각하지만, 돈이 없는 것을 유감스럽게 생각해 본 기억은 단 한 번도 없다. 돈의 부족은 지혜로서 충분히 보충할 수 있었기 때문이다."

자금이 모자라기 때문에 일이 되지 않는다고 말하는 사업가가 많지만, 그것은 잘못이다. 자금의 여유가 있게 되면 루저가 되어 버린다. 이따금 돈이 호주머니 속에 들어 있으면 공연히 소용없는 물건까지 사는 그런 경험은 누구나 다 가지고 있을 것이다. 호주머니가 비면 좀 더 싼 물건은 없는가 하고 열심히 찾아 헤매기 때문에 값싸고 좋은 물건을 살 수가 있게 된다. 돈이 있으면 만 원에 살 수 있는 것도 2만 원에, 2만원 짜리도 3만 원에 사버리고 마는데, 사업의 출자도 이런 식으로 하면 막대한 낭비가 되어 사업을 유지할 수가 없다.

조립식 주택으로 성공한 다이와 하우스의 이시바시 대표이사도 그러한 경험을 가지고 있다.

"큐슈 방면으로 공장부지를 사기 위해서 갔으나 땅값이 너무 비싸서 마음이 내키지 않았다. 그래서 '야단났구나' 하고 걱정을 하고

다이와 하우스 오사카 본사
1955년 설립

노부오 이사바시는 젊었을
때 부터 묵묵한 인내심
으로 유명했다고 한다.
그는 제 2 차 세계 대전
에서 심각한 부상을 당
했고, 시베리아 교도소에
서 전쟁 포로로 구금되
기도 했다.
전쟁과 태풍으로 고향이
황폐화 된 것을 안타까
위한 그는 견고한 강철
파이프를 이용한 구조적
집을 짓게 된것을 계기
로 오늘의 다이와 하우
스가 탄생하게 된다. 다
이와 하우스 그룹은 현
재 일본의 최대 주택건설
회사로 성장했으며, 지진
에 강한 흡수벽, 고령자
를 대비한 로봇 슈즈 개
발 등 시장변화에 적극
나서고 있다.

있었는데, 사가 현의 도스 시장으로부터 '당신의 공장을 꼭 우리 시로 유치하고 싶다'라고 하는 요청이 왔다. 돈이 없다면 이곳에서 토지를 변통해 주겠다는 말이었다. 그래서 마침내 훌륭한 공장을 세울 수가 있었다.

만일 그때 자금이 충분했었다면 비싼 토지를 마지못해 사서 많은 손해를 봤을 것이다."

돈이 없어서 도리어 좋은 결과를 얻은 경험을 강하게 말했다.

돈이 없는 것이 강한가? 있는 것이 강한가?

이것은 보기에 따라서 여러 견해가 있겠지만 카네기가 말한 것처럼 금수저를 입에 물고 살아온 인간이 절대 강하지 않다고 하는 것은 제일 냉정하고 객관적으로만 사물을 보는 은행가들도 일반적인 견해를 갖고 있다. 쇼와 초기의 은행가로 일본은행 총재, 대장대신을 역임한 유끼가 그것을 입증해 주고 있다.

"은행에서는 2세에게는 돈을 대출해 주지 않으려고 하는 것이 일반적이다. 아무리 확실한 담보가 있어도 중역 회의 결의가 없으면 대출할 수 없다고 하는 규칙을 만들어 놓고 있는 은행이 있을 정도다. 이것은 2세에 대한 약점을 은행가가 가장 잘 알고 있기 때문이다. 2세는 일반적인 사람들보다 돈의 고마움을 제대로 알지 못하고 있기 때문이다. 버는 방법도 서툴고 쓰는 방법 또한 서툴다. 서툰 정도라면 그런대로 괜찮지만 전혀 무능력에 가까운 사람도 있다. 그런 자들에게 무심코 돈을 대부해 주면 은행이 애를 먹게 된다. 다음으로 2세에게는 창업주와 같은 열의가 부족할 뿐 아니라 담소하고 결단성이 없고 마음에 들지 않으면 내던져 버리고 만다. 따라서 변제에 대해 의무감도 희박하다. 그런가 하면 기가 세고, 남에게 속기가 일쑤이기 때문에 속지 않으려고 지나치게 경계를 하게 되는 것이 큰 약점이다."

요즘의 아이들은 자신이 부모의 경제력 때문에 충분히 즐길 수 없다는 것을 한탄하는 경향이 있는 모양이다. 이것은 매우 잘못 된 일이다.

가난한 집안에 태어난 것만으로도 부호가 될 수 있는 조건을 갖추고 있는 것이다. 인간의 행복이란 젊었을 때 마음껏 즐기는

것이 아니다. 젊었을 때 그런 행복감을 느꼈던 사람들이 중년 후
반부터 참담한 인생을 보내야 한다는 사실을 지금의 젊은 사람
들은 전혀 모르고 있다.

미쯔이 재벌의 큰 우두머리로서 전쟁 중에는 대장 대신을 지낸
바 있는 이께다는 대 실업가이지만, 무일푼으로 출발을 했다.

"나는 어렸을 때부터 변변치 못한 생활 속에서 자라났기 때문
에 전후(戰後)의 풋내기 생활에도 주저앉지 않았다. 나는 지금도
옛날 생활을 조금도 잊지 않고 있다.

서른다섯 살에 결혼했을 때의 나의 처지는 그저 그러했다. 신부
와 함께 셋방에다 새살림을 차렸을 때 방안의 가재도구란 화로 하
나뿐이었고 가구도 없었다. 이러한 경험이 있었기 때문에 전후 재
벌 해체로 생활에 고통을 받고 있을 때도 나는 남들로부터, 이께다
는 '끄떡없다.'라는 말을 들었다. 그런 말을 듣게 된 동기는 생활의
고통을 느끼지 않는 자신에 차 있는 나의 모습과 태도 때문이었다."

어느 대표이사는 첫 사업에 실패를 하자 아내가 가출을 해버
렸다. 거기다 쌀까지 떨어져 있는 상태였다. 쌀을 사자니 돈이
부족했고, 겨우 쌀을 장만했더니 가스가 중단되어 밥을 지어 먹

을 수가 없었다. 그대로 있자니 배가 고파 더 이상 참고 견딜 수 없어 하는 수 없이 과자 집에 가서 가장 값싼 막과자를 사다먹었다. 막과자에는 지방분과 당분이 들어 있어 어느 정도 배를 든든하게 할 수 있었다. 그래서 그는 막과자와 물만 가지고 3~4일을 견뎌 나갔다.

그 후 다시 사업을 시작하여 성공한 뒤에도 그는 막과자를 사다가 곁에 놓아두고 이따금 먹는다고 한다.

"이렇게 맛있는 것은 없다. 허비하고 싶을 때나 불만 불평이 생길 때는 막과자를 먹는다. 밑바닥 생활을 했을 때의 일을 생각하면서 그렇게 하는 것이다. 막과자를 먹던 때의 일을 잊지 말자고 자신에게 훈계를 하고 나면 새로운 자신감이 솟구쳐 오른다."

구마모토 시의 어느 도공의 아들로 태어난 다찌이시는 초등학교 2학년 때에 아버지와 사별을 했기 때문에 5학년 때부터 신문 배달로 가계를 보태며 공부했다. 그는 가난때문에 중학교에 진학할 수 없는 형편에 있었으나 그의 재능을 아깝게 생각하고 있던 담임선생과 어머니 쪽의 숙부 되는 분의 도움으로 겨우 중학교를 졸업할 수 있었다. 그 후 군인이 되려고 해군병 학교를 응시하여 학과시험에는 합격했으나 신장이 모자라 떨어지고 말았다. 이때부터 자기의 힘으로 돈을 벌어서 수업료를 내야만 했기 때문에 새벽 3시에 일어나 그 넓은 지역에 신문 배달을 하며 아르바이트 학생의 선구자로서 분투했다.

그의 학생 생활은 소학교 때부터 신문 배달이라는 것이 병행하고 있었다. 그래서 학교를 졸업한 후에도 배달을 잘못해 호통을 당하던 꿈을 자주 꾸었다고 한다.

구마모토 공고를 졸업한 그는 효고 현청의 전기기사로 취직하여 관리 생활로 들어갔다. 고베 근처에서 근무하게 될 것으로 생각하고 있던 그의 바람은 산산이 부서지고 깊숙한 산골에서 건설되고 있는 댐 공사장에서 일하게 되었다. 그는 자신이 받는 연봉에 놀라지 않을 수 없었다. 학교를 막 졸업한 청년에게는 상당한 액수의 연봉이었다. 젊어서 높은 연봉을 받은 그는 고향에 송금하고 남은 돈을 손에 쥐고 동료들과 함께 가까운 마을로 내려가서 매일 밤 기녀들과 섞여 멋대로 마시고 떠들어대면서 울적함을 발산시켰다.

이처럼 전기기사들이 난폭한 행동을 하고 있다는 소문이 현 당국자의 귀에 들어가 모두에게 철수 명령이 내렸다. '자기가 일하고 받은 급료로 노는 것이 뭐가 잘못된 것인가?'하고, 일동은 젊은 사람답게 사표를 던졌다.

다찌이시도 여기서 관리 생활을 청산하고 '이노우에 전기'라는 회사에 근무하기 시작했다. 무슨 일에도 열중하는 그였기 때문에 유도형 계전기를 취급하면서 특허와 실용신안의 두 가지를 취득할 정도로 성적을 올렸다.

하지만 상사인 기사들의 질투로 인하여 수년 동안 근무한 회사에 사표를 내고 퇴직금을 받아 사업을 하겠다는 결심을 했다.

27세의 그는 야심만만하게 교토의 용안사 근처에다 집을 산 다음 어머니와 동생을 불러 함께 살았다. 그리고 막 매입한 집을 담보로 사업 자금을 만들어 '사이고샤'라는 새로운 회사를 창업했다. 마음속에 성공을 결심하고 있던 그는 사업으로서의 일루미네이션과 같은 전등점멸기의 제조를 시작했으나 고도의 미관을 손상시킨다는 이유에서 교토에서는 판매를 허가하지 않았다. 하는 수 없이 스폰프레스라고 하는 양복바지의 주름살을 펴는 기기로 바꾸었으나 이것도 유통망이 연결되지 않아 실패로 끝났다.

기술계 출신인 그는 아이디어는 뛰어났지만 영업에 있어서는 전혀 경험이 없었기 때문에 모처럼의 새로운 사업이었던 '사이고샤'는 빼도 박도 못 한 처지가 되고 말았다.

다찌이시에게 있어서 최악의 세월이었고 설상가상으로 사기

꾼에게 걸려 섣달 그믐날까지 상대를 쫓아다녔으나 끝내는 자취를 감춰 버리고 말았다.

집으로 돌아가자니 빚쟁이들이 기다리고 있기 때문에 돌아갈 수도 없었다. 하는 수 없이 이발소에 들어가 쭈그리고 앉아서 차례를 기다리고 있노라니 가까운 요릿집에서 '술은 눈물인가 탄식인가'라는 유행가 소리가 들려왔다.

그 애절한 유행가가 패잔으로 몸을 졸이고 있는 그의 마음속을 더욱 울적하게 만들어 놓아 눈물까지 흘리게 했다. 돌이켜 보면 그에게 있어서는 일생동안 잊을 수 없는 추억이었다.

그는 이러한 역경의 밑바닥에서도 필사적으로 생각을 했다. 그러한 끝에 두 개의 숫돌 사이에다 칼을 놓고 가는 나이프 그라인더라고 하는 문화 숫돌 기기를 발명했다. 그는 이 기기에 마지막 운명을 걸고 판매해 보았다.

돈을 차용하여 포스터와 팸플릿까지 만들어 보았으나 불경기 탓이라 그런지 여전히 팔리지가 않았다. 새로운 것을 고안하여 만들 때마다 침몰해 가는 것 같은 운명임을 느끼고 이 세상의 모든 것이 자신에게 등을 돌리고 있는 것만 같은 생각이 들었다. 점점 절망감이 짙어만 가고 있던 어느 날, 외판원을 하고 있던 남자가 '이렇게 팔리지 않는다면 별수 없지 않는가? 대표이사 스스로 나가서 가두판매라도 하는 수밖에 방법이 없어' 하고 말했다. 이미 집안에도 돈이 다 떨어지고 생활도 궁할 대로 궁해진 그는 그 말을 듣고 새롭게 생각을 했다. '그렇다! 수치나 체면 같은 것을 생각하고 있을 때가 아니다. 소매점이나 외판원의 손만 바라고 있을 것이 아니다. 나 자신이 나서서 판매할 수밖에 방법이 없다.' - 그렇게 결심한 그는 가까운 신사 경내의 적당한 장소에다 커다란 석탄 상자를 놓고 그 위에다 책상보를 깐 다음 자기가 고안한 문화 숫돌 기기를 진열해 놓았다. 그리고 큰 소리로 사람들을 모아 놓고 자기가 실험해 가면서 팔기 시작했다. 아내도 익숙지 못한 남편의 장사 솜씨를 보기 위해 뛰어나갔으나, 아내의 모습을 본 남편은 쑥스러운지 나무 그늘로 들어가 몸을 숨긴 채 낌새만 살피고 있었다. 그런데 어느 사이에 많은 사람들의 손이 석탄 상자 위를 오고 가면서 물건이 자꾸 팔리기 시작하자 그는 자기도 모르게 기쁨의 함성을 올렸다.

물건을 많이 팔아 재미를 보았다는 것을 안 근처의 야바위꾼들도 '우리에게도 좀 팔게 해달라'고 요청을 해왔다. 인상도 좋지 않을 뿐만 아니라 상체에 온갖 문신을 하고 있는 일당들이었으나 말을 해보니 의외로 마음이 다 온순했다.

"좋다. 물건을 주지!"

현금으로 싸게 팔고 그 돈으로 또 만들고 만들어서 또 팔았다. 한편으로는 자전거로 오사카, 고베까지 배달해주게 되면서 제법 장사가 되자 드디어 역경에서 벗어날 수 있게 되었다.

그는 사람이 물건을 사는 심리, 그것을 포착하여 파는 기술을 충분히 체득할 수가 있었다.

이것은 매우 귀중한 공부를 한 셈이었다. 겨우 여유가 생긴 그는 병원에서 사용하는 엑스레이의 노출 타이머라는 기기를 제작하기 시작했다. 그리고 1933년부터는 본사를 오사카로 옮기고 '다찌이시 전기'를 창업했다.

그다음 해에 관서 지역을 휩쓴 태풍으로 각 지방에 있는 변전소의 배전반이 망가져 계전기가 모자라게 되자, 다찌이시 전기는 대량의 주문을 받게 되었다. 이로 인하여 사업을 더욱 알차게 꾸려 나갈 수가 있었다.

전후에도 계속해서 계전기와 타임스위치 메이커로 점점 성장하여 제어장치 외에 거금의 공비로 초현대식 연구소를 설치했다. 일찍이 신문 배달로 고생을 했고 섣달 그믐날 밤 역경에 울어야 했던 다찌이시는 양양한 미래를 가지고 성장기업의 지휘자의 의자에 앉아 지금도 전진을 목표로 삼고 있다.

만일 다찌이시가 체면에 구애되어 고심 끝에 만든 나이프 그라인터를 외판원이나 소매상에 맡기지 않고 자기 자신이 직접 판매할 수 있을 정도의 용기를 갖고 있지 못했었다면 오늘날의 다찌이시 전기는 존재할 수 없었을지도 모른다.

끝까지 궁지에 몰려 본 사람에게만 주어지는 그런 결단이 있었기 때문에 인생의 막판에서 활로를 열 수가 있었던 것이다.

돈이 요긴할 때는 가장 중요한 것부터 팔아라

인간이라는 것은 마지막 밑바닥에까지 떨어져 보지 못하면 좀처럼 필사적으로 일 할 수 없다. 닛까쯔의 호리대표이사의 부친이 일찍이 호리에게 가르친 말이 있다.

"너는 사회에 나가서 아무리 돈 때문에 곤란한 일이 생겨도 시계나 양복 같은 것을 전당포로 갖고 가서 돈을 빌려서는 안 된다. 한번 전당포의 포렴을 들치고 들어가면 그 물품은 전당포 버릇이 생겨 다시 전당포를 찾아가고 싶어서 견딜 수 없게 된다. 그러므로 전당포에는 절대 물건을 가지고 가선 안 된다. 만일, 돈 때문에 피치 못할 사정이 생긴다면 자기의 가장 중요한 물건을 팔아라. 그것이 몹시 아깝게 생각되면 좀 더 좋은 것을 사다 놓을 수 있도록 더욱 노력

할 것이다."

호리 대표이사는 성장해 감에 따라 아버지의 말씀을 이해할
수 있었다. 작은 도구의 하나지만 거기에 의지하는 의뢰심이 강
해지면 자기의 노력을 아깝게 생각하게 된다는 것을 터득했던
것이다.

또한, 인간은 돈으로 곤란을 당하게 되면 자기 물건을 처분해
급한 것을 막지만, 그 처분하는 방법이 문제인 것이다.

시골의 옛집이 몰락하는 단계는 대체로 공통된 현상이 있는
것 같다. 우선 논을 팔고, 밭을 팔고, 임야를 팔고, 다시 가구나
골동품을 처분하고, 마지막으로는 살고 있던 가옥을 팔아 버리
고 떠난다는 순서로 몰락해 버린다.

그와는 반대로, 처음부터 집을 처분하고 떠나서 떠돌이 생활
을 해가며 필요에 따라 다른 재산을 처리해 나가는 사람은 재기
할 수 있는 대책도 서고 처분한 만큼의 재산을 다시 마련해 놓
을 수 있는 기회도 있다고 한다.

수치나 체면, 겉치레 같은 것이 최선의 방법에서 멀리 격리시
켜 놓고 만다. 예를 들면, 생활이나 사람들과의 사귐에 구애되어
주머니 사정이 좋지도 않은데, 이것을 감추고 체면만 세우려고

한다. 이러한 행위가 어리석은 짓이라는 것을 알면서도 마침내는 궁지에 빠져서 마지막으로 집을 명도해 주어야 할 즈음에는 더 팔아먹을 물건도 없어 완전히 알몸으로 몰락해버리고 만다.

현실을 충분하게 직시하여 숙고한 다음, 수치나 체면, 겉치레 같은 것은 모두 벗어던지고 좀 더 최선의 방법을 찾아내어 그 방법을 실천해 나가겠다고 하는 강한 의지를 갖지 않는 한, 그 몰락을 방지하고 다시 부상한다는 것은 매우 어려운 일이다.

10

사업가로서
치명적인
실패를 했을 때

10
사업가로서 치명적인 실패를 했을 때

비상사태 속에서 생각해야 할 일

변증법적으로 말하면, 사물의 발전과정에서 일정한 조건이 충족되면, 서로 반대되거나 모순되는 관계로 서로 대립했던 것들이 통합된다.

'실패는 성공의 어머니'라는 것도 이것의 한 좋은 예인데 물론, 실패가 그대로 성공으로 이어지는 것이 아니라, 또 성공이 있으면 실패도 있다는 과정으로 열거하는 것도 아니다. 실패에서 교훈을 배운다는 과정을 통해서만 오직 새로운 성공을 차지할 수가 있다.

이 경우에는 '성공과 실패 '라는 대립물이 상호 변하여 발전이라고 하는 형태가 되고 만다. 대립하는 측면의 위치가 어떻게 변화하는가는 대립하는 두 가지 측면의 연관됨과 조건변화의 관계에 의해 결정된다.

발전이라는 것은 이 대립물의 위치가 변화하는 것에 따라서 새로운 대립물의 연관이 가져다주는 과정임이 틀림없다.

여기서, 실패라는 측면에서 성공이라는 측면으로 전환할 수 있었던 두 사람의 사업가를 통해 그들이 어떻게 발전했는가를 스토리로 기술해 보기로 한다.

첫 번째의 사람—요시다는 얼굴이 희고 멀쑥한 차림새로 자전거를 타고 등장한다.

일본에 처음 자전거가 수입된 것은 1870년(명치 3년)의 일이다.

'닛베이 후지 자전거'는 1899년에 창업한 회사로 일본에서는 미야다 자전거에 이어 역사 있는 메이커이지만 내부정리라고 하는 최악의 사태에 빠지고 말았다.

게다가 총평의 지원하에 큰 파업이 전개되어, 55일간의 장기간에 걸쳐 노사 간 싸움이 계속되었다. 5천 개소의 전국 대리점이 반수 이하인 2천 개소로 감소하고 말았다. 이런 최악의 사태로 빠진 원인은 과연 무엇이었던가?

닛베이 후지 자전거는 전후에 닛베이 상회와 후지 자전거가 합병한 회사이다. 현 대표이사인 요시다 대표이사는 후지 자전거 출신으로 전쟁 중에는 중국의 천진 지점에서 일본산의 자전거 판매를 하고 있었다. 그런데 전국이 긴박해지면서 일본 본토에서 자전거 생산이 중지되자, 천진 집에서는 군수품인 축전지 제작으로 전환하여 영업허가를 획득했다.

후지자전거는 일찍이 전지생산에 손을 댔다가 실패한 경험을 가지고 있었다. 그런 실패한 회사에서 "축전지를 만든다는 것은 당치도 않다"라고 그 영업허가권을 다른 회사로 양도해 버리고 말았다. 지금까지의 고생이 수포가 되고만 셈이 되었다. 권리를 다른 회사에다 전매했다는 것은 호의적으로 허가를 내준 군부에 대해서도 변명할 여지가 없었다. 지사원 일동은 자금을 구해 권리를 다시 사들인 다음 후지 자전거에 사표를 내고 천진에서 축전지 메이커를 시작했다.

자전거에 있어서는 전문가였으나 전지제작에는 아마추어라 많은 어려움이 따랐음에도 불구하고 전 지점장 등과 화학참고서를 인용해 가면서 철야 작업을 계속해 겨우 제품을 생산해 낼 수 있었다. 군부에서는 '전액 선불'이라는 좋은 조건으로 발주해 주기 때문에, 트럭용, 통신기용, 탄환용 등의 전지를 차례로 개척, 생산하여 큰 업적을 올렸다.

그러나 얼마 후의 패전으로 모든 것을 잃은 요시다는 일본으로 철수하게 되었다. 이때 후지자전거는 완전 폐업은 아니었으나 휴업 상태에 있었다.

그런데 본토에 있으며 집도 재산도 무사했던 사람들은 암거래 업에 분망하여 '본사 재건의 위험한 다리'는 건너려고 하지 않았다. 오히려 가난한 귀환 사원들이 '힘을 모아서 본사 재건을 하는 것이 어떨까?'하는 생각을 했다.

'우리는 본래 아무것도 가진 것이 없기 때문에 손해 보는 일에 두려워할 필요가 없다'라는 마음으로 귀환한 사람 10여 명 정도가 중심이 되어 결국 재건에 나서게 되었다. 먼저 닛베이 상회 대표이사의 아들로 당시, 외무대신 등을 역임한 오까자와를 대표이사로 영입했다. 이윽고 닛베이 후지 자전거는 업계의 정상에 오르게 되었다. 그 여세를 몰아 1951년부터 후지 오토바이 생산에 착수했다. 그러나 당시 이륜차 업계는 이미 과당경쟁 중에 있었고 덤핑 경쟁에 시달린 닛베이 후지 자전거는 침체하기 시작했다. 더 이상 발전할 수 없는 상황까지 가게 되었다.

그때, 상무였던 요시다가 전통에도 밝고 가장 젊고 투지가 있다는 점에서 정리해고 때에 잔류하여 재건의 중책을 맡게 되었다.

'어떻게 하면 사양길에 접어든 자전거 업계에 50여 년의 전통 있는 닛베이 후지 자전거를 살아남게 할 수 있겠는가?'

요시다는 그 비상사태 속에서 생각했다.

요시다가 얻어낸 결론은 이러했다.

자전거라는 상품은, 1897년경에 처음으로 생산하기 시작한 당시와 비교하여 디자인에 있어서나, 판매방법에 있어서나, 크게 달라진 것이 없었다. 이래서는 어느 회사 자전거와 다른 특색을 찾아볼 수가 없었다. 뭔가 우리 자전거는 타사 제품과는 다른 특색있는 자전거로 내놓을 수 있는 방법만이 앞으로 자전거업계에서 살아남을 수 있는 가장 중요한 것이었다. 거기다 자전거는 지금까지 실용적 목적으로만 일관되게 제작되어 왔다. 뉴럭스를 좋아하는 젊은 사람들의 호감을 살 수가 없었다. '스마트하고 다이나믹한 신식 차체라면 가격을 올려서 정가판매를 내걸고도 판매할 수 있지 않을까?' 이러한 요시다의 생각은 재건회사 탑으로 그야말로 모험적이었다. 그는 시대의 움직임을 내다보고 있었던 것이다. 그렇게 해서 2개의 파이프를 사용하여 과감하게 디자인한 '후지댄디'가 탄생했다. 그리고 디자인이 멋진 차는 내구성이 부족하다는 이율 배반을 극복하기 위해 2년 동안이나 어려움을 참아가면서 내력 테스트를 계속했다.

이렇게 출시된 자전거는 젊은 사람들에게 레크리에이션용으로 많이 팔렸다. 가격을 올려 판매하기 시작한 '후지댄디'의 인

후지 자전거
1899년

100여 년의 긴 역사만큼 뛰어난 기술로 제품도 튼튼하다. 게다가 가볍고 가격도 합리적이어서 국내에서도 꾸준한 사랑을 받고 있다.

기에 완전히 자신을 얻은 요시다는 '하이라인', '하이 레이디'의 신형 차 두 종류를 만들어 판매했다. 그리고 정리해고 후 6년이 되던 해에 닛베이 후지 자전거는 드디어 훌륭하게 재기하게 되었다.

1960년까지 만들어낸 자전거는 앞바퀴의 살이 32개, 뒷바퀴의 살이 42개인 것이 보통이었다. 뒷바퀴 위에 화물을 적재하기 때문에 튼튼하게 만들어야 한다는 것이 이유였는데, 이 앞바퀴와 뒷바퀴가 다른 것은 제작 단가나 부품 관리상에 있어서나 참으로 불리한 요소였다. 수출 자전거는 같은 바퀴로 앞뒤 바퀴를 사용했음에도 별다른 문제는 없었던 것이다. 여기서 요시다는 결단을 내렸다.

1960년부터 닛베이 후지 자전거는 앞뒤 바퀴를 동일하게 만들도록 했다. 이러한 결단이 결실을 맺게 되어 1961년 중 적자를 면하게 된 닛베이 후지 자전거는 1963년부터 대망의 배당 부활을 실현할 수 있게 되었다. '전철을 밟지 말라'는 속담은 자전거업계에 생명을 내걸고 고투해 온 요시다에게 있어서는 감명 깊은 명언일 것이다.

한 번 패할 때마다 강해진다.

실패는 성공의 어머니 → 칠전팔기 → 이 말은 가또오의 인생에 꼭 들어맞는다. 식당 왕으로서 강한 성미 그 하나로 업계를 으스대면서 걸어온 가또오도 몇 번씩이나 실패를 되풀이해 왔다. 그러나 그는 실패할 때마다 강해졌다. 그리고 자신의 진가를 세상에 알릴 수 있는 것은 지금부터라는 의지에 불타 '이기고 나서 싸운다'는 독특한 처세훈을 굳게 지키며 60여 세가 된 후에도 제일선에서 건투를 계속했다.

가또오는 1951년, 니하까다현 시라네에서 재목상 집의 차남으로 태어났다. 차남에게 흔히 있는 투지 혼의 이 소년은 다섯 살 때부터 놀음을 했었다고 하니 승부욕이 강한 아이였다고 할 수 있다.

소학생 때에 현재의 후지은행을 창설한 야스다의

"실업가나 상인으로서 성공하려면 학문보다 경험이 중요하다."

라고 하는 말을 어느 책에서 읽고 앞으로 큰 장사꾼이 되기 위해 학교에서 공부하는 대신, 큰 상점의 심부름꾼으로서 봉사하기로 뜻을 갖게 되었다. 그래서 니히까다시에 있었던 해산물 상점의 심부름꾼으로 들어가 학교를 그만두고 말았다.

당시에 심부름꾼 중노동도 좋다는 것이었다. 아침 6시부터 밤 8시까지 쉬는 시간도 없이 일을 계속해야 했다. 휴일은 1년 동안에 이틀, 정월 초하룻날과 생일날로 그때가 돼야만 한 벌 옷값과 용돈으로 3원이 지급될 뿐, 그 외에는 전혀 무급이었다.

이윽고 군대 생활을 마치고 돌아왔을 때, 세상은 제1차 세계대전의 여파로 호황시대, 주가가 한창 치솟고 있었다. 타고난 도박꾼이라 가만히 있을 수가 없었다. 어머니를 설득하여 끔찍이 아끼던 돈 3백 원을 끌어내어 강기 하나만 가지고 의욕적으로 밀고 나가 돈을 벌었다. 당시의 10만 원은 지금의 수억 원에 해당된다. 그러나 어처구니없는 도박으로 순식간에 신세를 망치고 말았다.

끝내는 1920년 혼란의 때에 몽땅 털어 없애버리고, 거기다 남에게 빚까지 지고 말았다.

젊은 머슴인 주제에 귀중한 돈을 어처구니 없는 놀음으로 탕진해 버렸기 때문에 누구도 동정해 주지 않았다. 어제까지 돈의 위력에 굽실대던 친구들은 "꼴 좋다. 빨리 정신 차려라"라고 욕설을 퍼부을 정도로 변했다. 가또오는 밤잠을 잘 수 없을 만큼 괴로운 나날을 보내야만 했다.

이것이 첫 번째 실패였다. 이 고통 속에서 그는 뼈저리게 생각했다. 지금까지 달콤하게만 생각해 왔던 세상이 실은 쓰고 냉정한 것이었다. 이 인정이 한 장의 종이처럼 박정하다는 것을 깨달았다. 그는 '인간은 어떻게 해서라도 승자가 되어야 한다'라고 마음속에 굳게 다졌다.

그렇게 생각하니 '그래, 다시 한번'이라는 투지가 온몸에 솟구쳐 올랐다. '나는 아직 젊다. 이 정도의 실패로 허덕대면 어떻게 되겠는가. 반드시 설욕해 보일 테니까. 세상 사람들아, 놀라지 말라. 곧 보여 줄 것이다.' 하고 분발해 나갔다.

1918년 일본 시베리아 출병

니콜라이에프스크사건

제1차 세계대전 말, 일본은 러시아의 혼란기를 틈타 시베리아를 점령하기 위해 출병했으나, 소련의 빨치산 부대의 공격으로 일본군 약 4000여 명이 포위되고, 러시아 반혁명파 8000여 명, 거류민 750여 명이 살해되었다. 일본은 시베리아 혁명전쟁에 간섭했다가 전비로 10억 엔을 지출하고 3000여 명의 사상자를 내고도 아무런 실익도 얻지 못했다.

그즈음, 러시아 혁명의 여파로 시베리아에서 일본인이 혁명군에게 학살당하는 니콜라이에프스크 사건으로 북사할린, 연해주에 출병했다. 사가렌이라고 하는 북사할린은 전쟁 경기로 돈이 쏟아져 나오고 있다는 뉴스를 접한 그는 일거에 만회할 수 있는 방법은 이것밖에 없다는 생각과 함께 사할린으로 건너갔으나 이미 붐은 끝난 뒤였다. 그렇다고 해서 다시 일본으로 돌아갈 수도 없었고 여비도 떨어졌다. 그래서 과감하게 그곳에서 공사판의 막벌이꾼이 되어 육군의 노무자로 일을 했다. 매일 검둥이가 되어 목도를 하기도 하고, 다이너마이트로 암석을 깨는 일도 했다.

반년 동안이나 계속하여 땀과 눈물의 결정으로 5백 원을 호주머니에 넣고 고향인 니하까다로 돌아왔다. 그리고 또다시 증권에 운명을 걸었지만, 1주일 만에 모조리 날려 버리고 말았다. 이것은 그에게 있어서 첫 번째의 실패보다도 더 큰 타격이었다.

그는 매일 자리에 누워만 있었다. 일어날 기력조차 없었다. 그런 나날이 수일 되던 어느 날, 겨우 정신을 차릴 수 있었다.

"증권이나 놀음으로는 돈을 잡을 수가 없다. 돈은 일을 해서 벌어야 한다. 그 5백 원도 내가 일을 해서 번 돈이 아니었던가. 다시 한번 열심히 일을 해서 돈을 벌어 보자!"

그는 과감하게 다시 상경했다. 그리고 다과전의 배달원으로 들어가 하루 20전의 일급을 받게 되었다. 도쿄의 과자 집마다 과자 배달을 하면서 그는 자기가 무엇을 시작하면 가장 유리할 것인가를 연구해 나갔다.

그가 노리고 있던 것은 다음의 네 가지였다.

1. 사람이 마음을 쓰지 않는 사회 속의 틈을 노릴 것.

2. 처음에는 작게, 성적에 따라서 얼마든지 확대해 나갈 수 있는 장사를 선택할 것.

3. 대중의 실사회에 밀착한 소모성이 높은 장사를 선택할 것.

4. 사회봉사와 영리가 일치될 수 있는 것으로 할 것.

배달원인 그는 점심을 밖에서 먹는 일이 많았다.

그럴 경우, 우선 값싼 식당을 찾는다. 다음으로 맛이 있는 식당, 너무 지저분하지 않은 식당을 찾는 것이었다.

당시 대중적인 음식점이라고 하면 파리들이 우글거리는 식당밖에는 없었다. 값도 싸고, 양도 많고, 맛도 그리 나쁘지는 않았다. 그러나 식탁은 기름과 국물에 얼룩져 더럽고 파리 떼가 이리저리 나는 등 매우 비위생적인 데다가 살풍경하기 짝이 없을 정도였다. 손님이라고는 외판원이나 노동자들뿐이고 그 외의 일반 샐러리맨은 체면상 들어갈 수가 없었다.

한편, 청결하고 분위기 좋은 서양요릿집은 가격이 비싸 마음대로 들어가 먹을 수가 없었다.

대신 단정한 샐러리맨이나 훌륭한 상인들이 들어가서 식사를 했다. 서양 요릿집은 라이스 카레나 돼지고기 카틀렛 등을 했는데, 가격이 비싸도 점포는 점점 늘어나고 있는 추세였다.

이것을 면밀히 관찰한 가또오는 이 두 가지를 연결시켜 보는 것을 생각했다. 라이스 카레, 돼지고기, 카틀렛 등을 대중화하여 값도 싸고 깨끗한 식당에서 식사를 할 수 있게 하는 대중식당의 구상이 그의 머릿속에 자리 잡기 시작했다. 이 구상은 그가 생각하고 있는 이상적인 직업의 네 가지 조건에 부합되는 것이었다. 이 것이라면 성공을 의심할 필요가 없다는 생각에서 여기에 목표를 세웠다. 그는 무엇이든 해보고 싶은 일을 곧 실행하지 않고는 견딜 수 없는 성격이었다.

그는 아사꾸사 공원에 있는 어느 식당의 접시 닦기로 자리를 옮겨 양식 만드는 방법을 공부하기 시작했다. 그런데 이 식당은 '감방'이라는 별명이 있을 정도로 아침 8시부터 밤 11시까지 계속 서서 일을 해야만 했고, 취침은 새벽 2시경, 그리고 이른 아침에 다시 일어나야 했다. 이것은 니히까다에서 해산물 상점의 심부름꾼으로 있을 때보다도 더 과중한 노동이었다. 여기서 그는 2년 동안이나 열심히 일했지만, 끝내 노동과중과 수면부족으로 심한 신경쇠약에 걸려 식당을 그만두어야만 했다.

몸은 쇠약해지고 자본도 마련하지 못했기 때문에 더욱 신경을 쓰고 있었던 탓에 몸은 쇠약해 질대로 쇠약해졌다. 그는 여기서 전에 사할린이란 곳에서 반년 만에 많은 돈을 벌었다는 것을 되생각했다. 불과 얼마 되지 않는 일당으로 일을 하기보다는 과감하게 외지로 뛰어나가서 큰돈을 벌기 위해 일하는 것이 좋겠다는 생각을 가졌다. 그는 또다시 사할린으로 건너가 삽을 쥐고 일을 하기 시작했다. 이렇게 노동으로 번 돈 반을 저축해 놓고 오로지 독립적으로 개업할 수 있는 자금을 모아 놓았다.

그가 사할린으로 건너와서 반년째 되던 9월 1일, 관동대지진이 일어나 도쿄가 초토화되었다는 뉴스를 들었다.

이때야말로 독립할 수 있는 기회라고 여긴 그는 이때까지 저축해 두었던 돈을 손에 쥐고 도쿄로 달려왔다. 강한 확신에 찬 그는 필사적으로 아버지와 형을 설득하여 기어코 자본금을 만들었다. 이외에 군대 시절의 친구들로부터도 차용한 돈을 자본으로 해서 결국 대망의 식당사업에 투신했다.

음식점이란 뭐니 뭐니 해도 장소가 중요하기 때문에 불타버린 도쿄 시내를 아침부터 밤까지 하루 1백 킬로를 걸어서 돌아다녔다. 그리고 바로 '여기'라고 눈독을 들인 곳은 '간다 지역'이었다.

스다마찌의 교차점 가까운 곳에 있는 10평 정도의 공지였다.

스다마찌는 남으로 긴쟈, 동으로는 우에노, 아사쿠사로, 서로는 구당, 신주쿠로, 북으로는 혼고우, 코마고메로 4통 8달, 그러니까 이곳은 당시 도쿄의 중심점이라고 할 수 있는 장소인 데다 근처에 간다 청과시장이 있어서 일을 해나가는 데 있어서도 편리한 점이 있었다. 그는 곧 지주와 교섭을 시작했으나 젊은 매입주를 깔보고 있는 지주 때문에 좀처럼 흥정이 되지 않았다. 그러나 이 흥정을 성사시키기 위해 지주와 만난 것이 열세 번, 마지막에는 세 끼 분의 주먹밥을 허리에 차고앉아 진지한 담판을 거는 열의와 끈기에 마침내 지주는 지고 말았다.

그러나 지주는 땅을 팔 수 없으므로 임대를 해주겠다는 조건을 걸었다. 결국, 식당을 그곳에 세우고 지주에게 무상으로 건물을 제공, 그것을 다시 빌려서 영업을 한다는 조건으로 일단락을 지었다. 그렇게 해서 가또오를 점주로 하는 '스다마찌 식당'이 종업원 8명과 함께 개업을 했다.

그의 다년간의 '싸고, 맛있고, 깨끗한 식당' 구상이 여기서 실현되었다. 그는 25세로서 마침내 성공의 첫걸음을 내딛기 시작한 것이다. 여세에 편승한 그는 도쿄 시내에 32개소의 식당을 개설했고, 태평양전쟁 직전에는 82개의 점포를 완성했다. 특히 신주쿠에 만든 식당백화점 '취락'은 대중의 미각을 만족시켜 주어 대단한 호평을 얻었다.

그러나 태평양전쟁은 관동대지진 때보다 더 도쿄를 초토화시켰다. 타다 남은 점포는 불과 5개소뿐이었고, 그 외는 거의 파괴되었다. 하지만, 그의 의지는 좀처럼 쇠함을 보이지 않았고, 오히려 전후의 혼란기에 편승하여 약진을 시도해 식당 이외에도 상사, 수산, 양조, 건축, 식품 등 모든 부문에 손을 뻗쳐 회사를 잇달아 만들어 확장 일로로 치달았다. 여기에도 그의 강기는 하나의 상법으로 나타났다. 지나친 확장으로 자금이 무한히 투입되어, 마침내 고리대금까지 쓰게 되었다. 그는 1948년부터 3년 동안 온갖 고통과 싸워 나가야 했다.

그러한 큰 희생을 치른 후에 그가 얻은 교훈은 본업 이외에는 손을 내밀지 말라는 것이었다. 그리하여 식당, 호텔, 여관 등의 회사만을 남기고 나머지를 정리하여 다시 일어선 그는 현재의 회사들을 경영해 나가며 다시금 미래의 약진을 생각했다. 성공에 이은 실패의 연속이었다. 그러나 몇 번이나 좌절을 했어도 그때마다 불사조처럼 또다시 재기했다. 절대 실패에 굴함이 없었고 비운에도 체념할 줄을 몰랐다.

그리고 실패할 때마다 무엇인가 얻어 다음의 인생에 희망을 걸고 전진할 줄 알았다. 그는 끝까지 위기에 강했던 사람으로 한계를 뚫을 수 있는 능력의 소유자이기도 했다.

11

세상의 비난을
한 몸에 받았을 때

11
세상의 비난을 한 몸에 받았을 때

비난에 굴하여 도피하는 것은 패배 이외의 아무것도 아니다

사업에 실패한 경영자는 모두 같은 모양으로 세상의 지탄을 받는다. 이러한 세상의 비난을 참고 재기한다는 것은 눈물겨운 일이다. 그러나 비난에 굴하여 도피한다는 것은 패배 이외에 아무것도 될 수가 없다. 사업에 실패한 사람의 경우는 현실에서 다시 성공하는 것 이외에 어떤 변명도 허용되지 않는다.

변명한다고 해서 세상 사람들이 가엾게 생각하거나 받아 주지도 않을 것이다. 비난이나 중상에 대한 대처는 단 한 가지, 그것을 묵묵히 무시해 버리고 사업을 성공으로 역전시킬 수 있는 것만이 그들에게 보복할 수 있는 것이다.

인생에 있어서도 모든 욕설이나 조소를 분쇄할 수 있는 것은 그냥 무시해 버리는 것이 가장 현명한 방법이다. 시비가 오고 가면 오히려 큰 상처를 입게 된다.

그러나 의식적으로 비난을 무시하고 현실을 받아들이지 않는 태도만으로 세상사를 초월하기는 매우 힘든 일이다.

타인의 일에 대해서는 전혀 문제 삼지 말고, 자신의 마음까지도 잊고 한 가지 일에 순수하게 집중할 수 있게 되면 갈피를 잡지 못 하는 일은 사라져 버린다. 그 사람은 이미 승기를 잡은 것으로, 오히려 비난받은 본인이 승자의 지위에 서 있게 될 것이다.

사업상의 비난 공격을 퍼붓자, 그것을 계기로 성공의 길로 돌진할 수 있었던 사람, 이 두 사람의 실례를 스포트라이트에 비쳐 보도록 하라.

도망인가? 자살인가? 쫓기고 있는 패배자가 취할 길

유럽에서 카메라를 목에 걸고 있는 외국인을 보면 일본인이라고 생각을 해도 좋다-고 하는 말이 있다. 전후의 카메라 붐으로, 카메라도 필름도 일본 제품이 세계의 시장을 제압할 정도의 기세가 되었지만, 사진 필름이 일본에서 제조할 수 있게 된 것은 쇼와시대인데, 대정시대에는 모든 것을 수입 필름으로 사용했던 적이 있었다.

영화용, 일반 사진용, 의료관계의 필름 수입고는 실로 수천만 원을 넘는 고액이 되었다. 지금의 돈으로 따진다면 수천 억원 이상이 된다. 사진 필름의 원료는 셀룰로이드와 같은 초화면과 같은 것이라 다이닛폰 셀룰로이드에서는 필름의 국산화를 계획하고 필름연구소를 만들었다.

그러나 필름용의 셀룰로이드는 일반적인 셀룰로이드와는 매우 다른 성질을 요구하고 있었다. 결국, 평면성, 투명성, 유연성, 내구성, 확장력, 대사진 유제성 등의 조건이 만족되어야 했기 때문에 기술적으로 매우 어려운 일이었다.

당시 세계에서 유수의 필름 메이커였던 미국의 코닥은 일본에 필름공장 건설계획을 가지고 다이닛폰 셀룰로이드에 대하여 공공 출자에 의한 필름 회사를 일본에 건설하겠다는 제안을 해왔다. 그러나 지극히 일방적인 이 조건으로는 셀룰로이드는 머지 않아 코닥에 병합될 것이 뻔했다.

"이미 필름을 우리들의 손으로도 만들 수 있는 생산은 충분히 있었다. 우리에게 셀룰로이드 기사가 있는 이상 어떻게 해서라도 일본에서 필름을 마무리하여 좋은 물건을 싸게 만들어야 하는 큰 책임이 있었다. 이 성공을 코닥의 손을 빌리지 않고 훌륭한 일본인 기사들의 손에서 만들어 내고 싶었다"

그 교섭에 임했던 히꾸지기 대표이사는 코닥의 제안을 일축해 버리고 말았다. 이때 정부에서도 이것을 원조하기 위해 공업 진흥금을 교부할 것을 결의하고 다이닛폰 셀룰로이드는 코닥을 넘어 세계시장을 목표로 회사의 명예를 내걸고 필름 생산에 나섰다. 이리하여 가나가와현에 있는 아시가라 공장을 주력으로 한 사진필름 주식회사가 탄생했다.

창업의 역사는 고난의 역사이다. 이것은 어느 기업에 있어서도 예외는 아니지만, 후지필름이 걸어온 길은 너무나도 고투의 연속이라 할 만하다.

창업을 하자마자, 코닥과 같이 세계의 2대 메이커라고 할 수 있는 아그파의 2대 회사가 대폭적으로 가격 인하 단행을 실시하는 태풍으로 타격을 받았다. 또한 코닥은 1만에 달하는 제품을 덤핑했다. 이것은 공동기업 제안을 일축한 처사였고 새로운 메이커의 출현을 시험해 보는 계획적인 판매 정책이었다.

더구나 당시 일본의 사진관은 거의 다 코닥의 특약점이었기 때문에 후지필름은 거의 들어가지도 않았다. 이런 타격도 대단했는데, 또 하나의 치명적이라고 할 수 있는 타격이 기다리고 있었다.

후지필름 창업 목적의 하나였던 영화용 필름 제조에 대해서 '대 일본 활동사진 협회'로부터 셧아웃을 당했다.

후지필름 도쿄사옥
1934년 1월 20일

이 협회는 '마쯔다께', '신고우', '다이도' 등의 대표적인 영화제작업체들의 단체였기 때문에 이 충격은 대단히 컸다. 이유는, 코닥에 비해 인내성도 없고, 화면이 어둡기 때문에 관객들의 눈을 자극하여 국민 후생을 우려할 상태라는 것이었다. 사실 화조가 좋지 않았고 화면의 흔들림, 현상 시의 아워 등이 눈에 띄어 내구성은 확실히 코닥에 비해 떨어졌다. 그 결과 영화 필름의 제작은 일시 중지 할 수밖에 없었다.

사진필름과 카메라로 유명한 후지필름은 아시아, 유럽, 미국에 제조 시설을 두고 있고 223개의 자회사에서 연구, 제조, 유통 등을 하고 있는 글로벌 기업으로 성장했다. 현재, 할리우드에 영화필름을 제공하는 주 공급 사이다. 고유의 기술을 바탕으로 의료, 화장품 분야로 사업을 확대해 창사 이래 최고의 실적을 올렸다. 2006년 10월 후지필름 홀딩스를 지주회사로 설립해 후지필름을 자회사로 편입했다.

게다가 공업조성금은 규격에 합격한 제품이 아니고는 내주지 않았기 때문에 불량품인 이상, 이것도 역시 중지되고 말았다. 영화필름뿐만 아니었다. 인화지도 품질이 불안정하여 점점 반품이 생겼다. 저녁노을에 비친 후지산이 보이는 공장 앞 광장에는 반품된 인화지가 산적되어 있었다. 인화지 처분이 궁하여 소각하는 일까지 있었다. 인화지나 영화필름 제작 부분의 공원들은 일이 없어 공장 광장의 풀을 제초하는 일로 나날을 보냈다. 국산 필름 제작의 야망을 가지고 출발한 후지필름은 조업 2년도 채 되지 않는 사이에 수천만 원의 손해 계상 및 차입금이 기하 급수적으로 달하는 등 당시로서는 놀라운 거액의 손해를 보고 말았다.

'조성금을 목적으로 거짓 장사를 하다가 마침내 실패하고 말았다'는 비난의 소리가 업계에 높았을 뿐 아니라,

'저런 거지 같은 필름으로 영화가 제대로 촬영될 수 있는가'라는 대중의 조소를 받았으며, 또한 사내에서는 수뇌부의 책임이 거론되어 대표이사인 아사노의 고뇌는 극도에 달했다.

제4기 결산을 앞두고 마침내 그의 모습은 어디에서도 찾아볼 수가 없었다. 도망이냐? 자살이냐? 쪼들리고 있던 패배자가 가아 할 길을 마침내, 선택하지 않을 수 없었다.

일시의 도피는 재앙을 남긴다.

확실히 1주일간, 그는 죽음과 직면한 괴로움에서 빠져나왔

다. 세상의 비난은 격렬했다. 출자자의 책망도 상당했다. 그런데 그것보다도 사원들의 생계를 두 어깨에 짊어지고 있다는 고뇌는 더욱 그를 심하게 짓누르고 있었다. 이러한 상황에서 대표이사가 죽는다고 후지필름이 살아남을 수 있을까? 살을 잃은 부채처럼 산산조각이 된 사원이나 그 가족들은 거리에서 방황하게 될지도 모른다. 자기에게 향해져 있는 세상의 비난이나, 오명을 씻을 기회도 없이 '배신한 사업가', '조성금을 노린 사기꾼'라는 딱지가 붙여진 채 모든 것이 끝나고 말 것이다. 그보다도 참을 수 없었던 것은 코닥이나 아그파와 같은 외국의 경쟁 상대로부터 '그것 봐라, 일본의 기술이란 것은 보잘것없다. 합작경영으로 나갔다면 좋았을 것을…….' 하고 멸시당하는 일이었다.

1주일간, 생각하고 또 생각한 끝에 겨우 그의 복안이 섰다. 대표이사의 행방불명이란 소문에 동요되어 일이 손에 잡히지 않았던 후지필름의 전 종업원들은 어느 날, 갑자기 공장으로 모이라는 명령을 받았다.

해산인가? 장기휴업인가?

생계를 책임지고 있는 그들에게 있어서는 그것은 죽음과 같은 선고일 수밖에 없었다. 우수의 빛으로 가득 찬 얼굴로 전 사원들은 일거에 모였다. 단상에 나타난 것은 행방불명으로 알려

졌던 대표이사 아사노의 모습이었다. 마침내 술렁대는 사원들, 그리고 공원들을 둘러보는 그의 모습은 매우 초조해 보였으나, 그의 두 눈에는 강한 결의의 빛이 담겨 있었다.

이윽고 그는 서서히 입을 열었다.

"외국품을 추방하는 것을 사명으로 경영에 임해 왔었지만 매기마다 적자만 계속되던 회사는 우려할 상태가 되어 버렸다. 앞날이 유망한 여러분을 금후 어떻게 될지도 모르는 회사에 묶어 둔다는 것은 대표이사로서 견디기 어려운 일이다.

만일 여러분들이 다른 좋은 회사로 전입할 수 있는 길이 있다면 아무 염려 말고 당사를 떠나가도 좋다. 지금이라면 퇴직수당도 약간은 줄 수가 있다. 그러나 시일이 지나면 그것도 가망이 없다. 그러나 나는 생애의 사업으로써 필름 공업을 어떠한 사태에 직면하더라도 반드시 해내고 말 것이다.

뜻을 함께하고 싶은 제군은 회사에 남아서 나와 운명을 함께 해주길 바란다"

울음 섞인 대표이사의 호소에 전 종업원들은 그저 아무 소리 없이 숙연히 듣고만 있었다.

한 번쯤은 죽음을 결의했을 아사노의 '재기하겠다'는 결사적인 노력은 그 연설과 함께 시작되었다.

이 연설에 따른 정리 선고에 이어 승급 정지, 상여금 커트, 사무소 정리와 모든 경비 절감에 큰 도끼를 휘둘러댔다.

반면에 연구비의 증액, 충실한 설비투자 등 상품 질의 향상을 위해서는 적극적인 태도로 임하는 극단적인 '기술중점주의'를 취했다.

당시, 이 경영위기를 타개하는 한 가지 방책으로써 롤 필름의 판매가 제안된 일이 있었다. 그러나 이 제안을 아사노 대표이사는 단호하게 물리쳤다.

"창업의 커다란 목적이었던 영화용 필름이 보기 좋게 실패했을 때, 그것을 극복하지 못한 상태에서 롤 필름을 만든다는 것은 위기의 해결이 아니라 회피이다.

다시 창업의 대 목표를 오인하게 될지도 모르며, 사회에서도 다시 신용문제가 거론될지도 모른다.

그러므로 전 기술진을 동원하여 영화용 필름을 성공시키는 데 전력을 다하고, 그것을 성공한 후가 아니고는 롤 필름에 손을 댈 일이 아니다."

위기를 헤쳐나가기 위해서는 본래의 목적을 버리고 돌아보지 않는 경영자가 많은 가운데에서도 아사노 대표이사는 경영에 있어서 '백년대계'를 그르치는 짓을 하지 않았다.

위기에 직면했을 때에 그것을 회피하는 것은 근본적으로 위기를 해결하는 것보다는 훨씬 용이하다. 많은 경영자는, 이 회피에 의해서 일시적으로 위기를 벗어나려고 하지만, 그것을 근본적으로 해결하지 않는 한, 제2의 위기, 제3의 위기를 반드시 초래하게 될 것이다. 오히려, 사회의 추궁이나 비난으로부터 피하고자 일시 호도해보지만, 그것에 의해 위기는 도리어 점점 커져 기업의 생명을 앗아가는 경우도 적지 않다.

고리대금 업자로부터 돈을 빌려서 다른 빚을 갚으면 한때 사업이 편안해질지 모르나 반드시 언젠가는 붕괴의 운명을 보게 될 것이다. 위기를 벗어 나가려고 할 때, 일시의 도피는 반드시 재앙을 남긴다. 그러므로 3년 후, 5년 후, 더 나가서는 10년, 20년 후의 일까지 충분히 생각한 연후에 해결책을 세우지 않으면 안 된다. 그러기 위해서는 끝까지 심사숙고, 백년대계를 생각하지 않으면 안 된다.

'앞으로 3개월, 또는 1년은 어떻게 될 수 있다 하더라도 그 앞으로는 전망할 수 없다'고 하는 해결책은 물에 빠진 사람이

지푸라기라도 잡으려고 하는 것과 같은 것으로 일시적인 것에 불과하다. 좋은 일이라면 반드시 완전한 해결책이 있기 마련이다. 전쟁 이후 죽순처럼 회사가 난립했다. 암거래 장사로 돈을 좀 번 사람들이 대표이사가 되어 출발한 기업이 수천, 수만 개에 이르렀으나 오늘날까지 살아남은 것은 그 중의 1할도 못될 것이다. 그런 회사의 경영자들은 모두가 겨우 10년 앞, 20년 앞만 내다볼 수 있는 안목을 갖고 있던 사람들이다. 사업은 일시 피해 보려고 하는 미봉책으로는 발전시켜 나갈 수 없는 것이다.

비난, 공격을 뚫고 나아가 백년대계에 살라

사원일 경우에는 좌우의 눈치를 살펴보는 것이 좋다. 일단 대리가 되면 한 차원 높은 곳에서 자신의 부하를 책임지고 있다고 생각해 보지 않으면 안 된다. 과장이 되면, 적어도 1년 정도 앞으로의 일을 생각해 보아야 한다. 부장이라면 3년 정도의 앞을 내다보고 있으면 좋을 것이다.

그리고 그 3년 동안 실제로 실천해보는 것이 좋을 것이다. 최소한 그 지점에 이르러서 일을 파악할 수 있게 되려면 보다 한 단계 높은 곳에 서 있지 않으면 앞을 내다볼 수가 없다. 중역은 적어도 최저 5년 앞의 일을 생각할 수 있는 능력이 필요하다. 대표이사가 되면, 현재의 일보다도 다음 세대의 일을 생각할 수 있을 정도의 거시적인 감각을 갖는 것이 이상적인 대표이사일 것이다.

회사라는 것은, 몇 년이 경과하면 해산한다는 것이 정관에 명기되어 있지 않는 한, 몇십 년이고 몇백 년이고 계속되는 것이다.

한 세대에서 일할 수 있는 연대로 가능한 것은 25년에서 30년이지만, 다음 세대의 일을 생각하는 정도의 식견을 가지고 멀리 내다보는 눈이 필요하다. 위기를 넘기고 나서 현재에서 문제가 더 나오지 않았으면 좋겠다고 생각하는 경영자는 그날그날을 살아가는 장돌뱅이 장사꾼과 다른 점이 아무것도 없다.

파괴와 실패에 대한 사회의 비난이나 공격을 겁내어 대수술을 게을리하는 경영자도 좋은 경영자라 할 수 없다. 더 나쁜 것은 사회의 눈을 필요 이상으로 의식하고 칭찬받는 데만 신경 쓰는 경영자들은 돌이킬 수 없는 실패의 길을 걷게 된다. 그리고 마침내 재기불능의 상태로 오명을 등에 지고 끝나는 일이 많다.

전쟁미망인인 숙부의 처와 사랑에 빠져 주위로부터 비난을 한 몸에 받고 그것을 전기로 하여 훌륭하게 성공한 경영자가 있다.

주택난 와중에서 도쿄 주변에 사설 단지로 1천 호 이상의 주택을 만들어 마을을 형성하는 데 성공한 가쿠에이 단지의 대표이사 가쿠다가 바로 그 사람이다.

가쿠다가 가쿠에이 건설을 훌륭하게 만들어 놓은 것은 불과 10년도 채 안 되는 세월이다. 그러나 그의 개인적인 고투의 역사는 일조일석의 일이 아니다.

히로시마 현에 있는 도죠마찌 - 그곳은 물이 맑기로 이름이 나 있는 다이사꾸교유 근처의 마을이었다. 여기서 태어난 그는 구제 중학교를 졸업하면서 야아이찌 증권 오사카지점에서 근무했다. 그러나 증권맨으로서 장래를 꿈꾸고 있던 기대는 헛된 일이 되어 버리고 말았다. 전쟁의 파국으로 증권 취급이 정지되었기 때문이다. 그는 어쩔 수 없이 고향인 도요죠로 돌아갔다.

마침 히로시마에 원자폭탄이 투하된 직후라 히로시마에 소집되어 있던 숙부가 행방불명이 되었다는 소식이 들어왔다.

숙부를 걱정하는 처자식들의 모습을 보다 못한 그는 숙부의 아내와 함께 히로시마로 향했다. 너무나도 비참한 상황에 목메어 있던 두 사람에게 인도된 것은, 낡은 흰 보자기에 싸인 숙부의 유골함이었다. 패전의 가을에 남편을 잃은 아내와 아버지를 잃은 아이들에게는 가혹하고 비참한 생활이 기다리고 있었다.

젊은 가쿠다 청년은 이 참혹한 일가를 내버려 두고 오사카로 돌아갈 수가 없었다. 어떻게 해서라도 이 한 가족을 도와주어야 하고 그것이 국가를 위해서 희생된 숙부에 대한 보답이 아니겠는가. 그렇게 생각한 그는 도요죠 마을에서 할 수 있는 일이 없을까? 하고 생각했다. 도요죠 마을은 산림에 둘러싸여 있었다. 전화로 파괴된 당시의 일본 각지에서는 목재가 가장 귀했다.'그래, 바로 이거다.'그는 그중에서도 목재 부족으로 걱정하고 있는 기계상과 가구상을 방문했다. 그리고 짐을 꾸리는 데 사용되는 목재를 당시의 반값으로 대주겠다는 약속을 하고 선금을 받아왔다. 그리고 현의 목재 협동조합에도 연결을 지어 자금 융자를 받아 그 돈으로 제재기계를 도입하고 나무를 켜는 제재 인부를 고용했다.

당시, 지방에서는 조금이라도 싼 급료로 사람을 쓰려고 하는 경향이 있었기에, 솜씨가 좋은 일꾼은 많은 급료를 주어야 해서 배제당하고 있었다. 그러나 그는 급료를 아끼지 않고 그런 우수한 기술자만을 채용했다.

장사에 있어서 요령은 다른 데보다 조금이라도 싼값으로 사들이는 데 있는 것이다. 그것이 장사의 원칙이기도 하다. 그러나 상황에 따라서는 값이 비싼 것을 사고도 다른 것보다 돈을 더 버는 장사도 있다.

싼 물건을 멋대로 사두는 것보다도 비싼 값을 지불하더라도 우수한 물건을 사는 상인이 성공하는 경우도 있다.

가쿠다의 솜씨가 비범했던 것은 이 한 가지 일이 보여주는 것처럼, 그가 오늘날 양심적인 건설사로서 성공한 것도 그러한 상업적인 관념에서 출발한 것이다. 이대로 간다면 그는 도요쪼 마을의 한 재목상으로서 파란 없는 순탄한 인생을 보냈을지도 모르나, 그것을 허락하지 않는 문제가 생겼다.

숙부의 미망인을 비롯한 전쟁미망인들의 어려운 생활에 깊은 동정을 베풀어 왔던 그는 그들의 생활에 도움을 주기 위해 마을에 있는 무도관을 빌려서 수산장 등의 간단한 가구를 만들게 했다. 그리고 그것을 오사카 지방으로 출하시켰다. 경험이 없는 일이라 무리였던지 제조 능률이 낮아 적자투성이가 되어, 목재상 쪽에서 번 돈의 대부분을 투입해야 하는 형편이 되어 버렸다.

그뿐만 아니었다. 숙부의 아내를 도와주던 감정이 마침내 사랑으로 발전해 버리고 말았다. 16년이나 연상인 데다 4명의 자식까지 있는 미망인과의 결혼을 아버지와 형이 반대했고, 어떻게 해서라도 두 사람의 사이를 갈라놓으려 했다.

조그만 시골 마을인지라 소문이 꼬리에 꼬리를 물고 퍼져나가 세상 사람들은 일제히 두 사람을 비난하기 시작했다. 엎친 데 덮친 격으로 장사마저 되지 않았다. 이렇게 되면 다른 곳으로 이사를 해서 주변 사람들을 바꾸지 않으면 두 사람의 운명을 개척할 수가 없었다. 과감하게 도요죠를 떠나서 도쿄로 가자고 결정했으나 한꺼번에 이주하면 모두가 고생하게 된다. 우선 나 혼자만 도쿄로 가서 생활 기반을 잡은 다음에 데려오도록 하자.

마침 그의 동생이 교직을 그만두고 나왔기에 상점을 양도하고 혼자 도쿄로 향했다. 그가 의지하고 있던 숙부는 도쿄에서 어느회사의 중역이었는데, 고향에 두고 온 연상의 처와의 관계를 반대하는 숙부를 다시 의지할 수는 없었다. 결국, 혼자 운명을 개척해 나갈 수밖에 없었다. 흥신소의 조사원, 외판원 등을 직업으로 전전했으나 말주변이 좋지 못한 그가 좋은 성적을 올린다는 것은 어려운 일이었다.

그래서 육체적인 노동을 하기 위해 도쿄 철도화물회사의 메신저 보이가 되었다. 자전거에 짐을 적재하고는 가와꼬시, 지바, 요코하마까지 달렸다. 화물의 크기와 거리에 따라 확실한 수입을 얻을 수 있었다. 그 외에도 짐을 싸는 청부를 맡아서 일하는 등 고된 노동으로 겨우 한 가정을 이끌어 나갈 수 있는 돈을 모았다. 그는 도쿄 교외에다 방 한 칸을 빌려 고향에 있는 처와 4명의 아이를 불러 도쿄에서의 생활을 시작했다. 여기서는 누구의 비난이나 간섭도 받지 않는 행복한 나날이었다.

그러나 6명이 살아가는 생활이라 가계는 넉넉한 편이 못되었다. 그는 근무하고 있는 회사가 각 역의 구내에서 구두닦이를 시작한다는 말을 듣고 이를 지원했다. 이케부쿠로 역에서 회사 일이 끝난 후부터 자정까지 구두닦이를 했다. 구두닦이라고 하지만 수입은 괜찮은 편이었다. 좋은 장사라고 감탄까지 했다. 가만히 앉아 있기만 하면 손님이 와서 통 위에다 구두를 올려놓는다.

이렇게 좋은 장사라면 한번 열심히 해보자 – 그는 열심히 광을 내기도 했고 좀 더 멋지게 닦기 위해서 새로운 기술을 연구해 보기도 했다.

어느 날 밤, 그의 화대 위에 낯익은 멋진 구두가 놓이면서 그 주인이 조용히 입을 열었다.

"자네는 정말 열심히 일하는군, 이제부터 자네에게서 구두 닦을 생각이다. 그런 마음가짐으로 일을 열심히 하면 성공할 수 있다"

그런 말을 듣고 나서 머리를 들어보니 훌륭한 중년 신사였다.

열심히 일하는 그의 행동을 보고 감탄한 것은 그 신사만이 아니었다. 짐을 싸는 단골집인 '구보다 제작소'라는 의료기기 메이커의 대표이사도 그의 인품과 열심히 노력하는 것을 보고 짐 싸기 전문으로 일해 주라는 부탁까지 해왔다.

　그 성실함과 열심히 일하는 행동이 그를 영광의 길 앞에 접어들게 만든 것이다. 조금 생활에 여유를 갖게 된 그는 몇 평 안 되는 땅을 빌려서 두 칸 정도의 집을 지었다. 지붕과 천정만을 목공에게 의뢰하고 나머지는 여가를 이용하여 만든 벽도 없는 베니어판으로 꾸민 집이었다. 오랫동안 조그만 셋방에서 불편하게 생활해 온 가족들은 이사 첫날 소리 지르며 기뻐했다.

　그 집 이웃에 또 공지가 있었는데, 그것을 지주로부터 빌려 여유가 있을 때마다 정지작업을 하여 대부분 자신의 힘으로 오붓한 집을 또 한 채 지었다. 그리고 매각 광고를 냈더니 신청이 쇄도하여 수 시간 내에 팔려 버리고 말았다. 그뿐만 아니라 집을 사려고 하는 사람들이 '제발 집을 또 지어 달라'고 부탁을 해서 다시 두 채의 집을 지었다. 셋방살이에서 고생하고 있는 사람이 자신만이 아니라, 그런 사람이 많다는 것을 알게 된 그는 지금까지 부업으로 해 온 것을 본업으로 해야겠다는 생각을 하기에 이르렀다. 값이 싼 집을 많이 지어서 주택난으로 고심하고 있는 사람들을 기쁘게 해주는 것은 사회를 위한 일이기도 하고, 장사로서도 절대 손해나지 않는 일이었다.

　그렇게 결심한 그는 1년 사이에 30여 채나 되는 집을 지었다.

물론 자본이 적어 차지권리금으로 6할을 지출하고 재목은 외상, 목공의 임금은 집이 팔린 다음에 지불하는 조건으로 소위 싸우지 않고 이기는 사업이었다. 이익은 박해도 수요가 많아 사업은 완전히 궤도에 올라설 수 있었다.

" 기술, 품질, 양 등에서 내가 세운 집은 남의 것보다는 뛰어나지는 못했었다"라고 가쿠다는 정직하게 말했다.

"그러므로 뭔가 장점이 없으면 안 된다. 그래서 나는 남보다 가격을 싸게 했다 - 그래서 곧 집이 팔려 나갔으며, 박한 이익률이긴 했으나 채산이 맞았다." 그 특색으로 토대를 쌓아 올린 가쿠에이 건설은 8년 후, 이번에는 '품질과 기술을 자랑하는 집 지어 팔기'를 주제로 수 개소의 단지를 사이타마현에 건설했다.

"돈벌이를 첫째로 생각하고 사업을 하면 반드시 이익이 나질 않는다. 그것이 그의 신조이다."

수년 전에 세상 사람들의 비난을 한 몸에 받고 고향을 떠났던 그는 그 역경을 후반생의 발판으로 삼아 건설업자로서 완전한 성공을 이루었다.

12

사원을 거느리고
기로에 섰을 때

12
사원을 거느리고 기로에 섰을 때

자기의 힘으로 지킬 수 있는 행복의 한계를 어디에다 둘 건가?

'사업은 인생이다'라는 것은 많이 들어본 말이지만 분명히 진리임에는 틀림이 없다.

사업을 하는 것은 사람이 살아가기 위한 것이며, 또 모든 비즈니스는 사람의 행동을 통해서 성장하기 때문이다.

그리고 이상적인 경영자란 '사람들이 일정한 목표를 향해서 협력하도록 경제적, 사회적, 심리적인 만족감을 주어 생산성 높은 성과를 올릴 수 있도록 동기부여가 가능한 환경을 만들 수 있는 사람'이라고 한다.

다시 말해서 경영자가 종업원과 같은 사람으로서 상호 신뢰를 바탕으로 경영하는 기업이 생산성이 높은 환경을 조성한다는 것이다.

인간은 자기의 힘으로 지키려고 하는 행복의 한계를 어디에다 두는 가에 따라서 선악의 기준도 달라지고 행동도 달라지게 된다.

자기 처자식의 행복만을 위해 회사의 공금까지 속이려고 하는 사람은 그 도덕적 한계를 가정에다만 두는 사원이다.

그 처자식에 대해서는 결과야 어떻든 동기는 가정에 충실하려고 한 짓이다. 이처럼 어떻게 해서라도 사원의 월급만 지급해 주면 경영자로서 책임을 다하는 것이라는 생각에 거래처에 적지 않은 고통을 주는 대표이사들도 많다. 이것은 회사 가족들에게 충실히 하고자 취한 행동이겠지만, 결과적으로 볼 때 사원에 대한 책임을 다했다고는 말할 수 없다.

그렇지만 기업이 큰 타격을 입고 위태한 경우, 대표이사가 사원들에 대한 향후 생활에 대해 온 힘을 기울여야 하는 것은 당연한 책무이다. 그러나 기업의 목적과 배반되는 경우에는 문제가 된다. 예를 들면, 지금 당장 2천 명의 사원을 감원하지 않으면 회사가 파산할 수밖에 없을 때, 2천 명의 사원과 그 가족들에 대한 생계문제 때문에 마음이 약해져서 정리를 체념해 버리는 대표이사는 경영자로서 실격이라고 할 수 있다. 예를 들어 최상의 인상은 할 수 없다고 하더라도 일각이라도 빨리 정리를 단행하는 것이 경영자로서 책임 있는 행동이 될 것이다. 바로 거기에 경영자로서의 고뇌와 고독이 있는 것이다.

배수의 진을 치고 난국을 맞아서 치는 기개

사업이 순탄할 때와 달리, 한번 곤경에 처하거나, 큰 타격을 받았을 때 경영자로서 생각해야 할 것은 많은 사원들과 그 가족들일 것이다. 특히 일본 기업은 전통적으로 횡적인 조직이 아니라 종적인 조직이다. 그래서 도쿠가와 이에야스를 위대한 경영자라고 말하는 것이다. 외국에서는 군인이나 정치가나 실업자를 근본적으로 구분하고 있다.

주인집의 중대사에도 하인의 생활을 중심으로 행동했다는 점에서 도쿠가와 이에야스의 근대성이 높이 평가가 되고 있다. 하지만 이것은 하루아침에 불쑥 나타난 지도자나 관리자의 태도이다. 그리고 부하에 대한 책임을 어떻게 지느냐에 따라서 그 인물에 대한 평가를 정하는 봉건적인 사상이 아직도 연면하게 꼬리를 끌고 있는 증거이기도 하다.

이런 사회의 기업일수록 대표이사의 책임은 유럽 이상으로 중대하다. 따라서 회사의 흥패가 달려있는 위기 상황에 있어서 부하에 대한 책임이 외부에 대한 책임, 사회에 대한 책임, 주주에 대한 책임보다도 더 무겁게 대표이사의 두 어깨를 덮쳐 누르게 될 것이다.

'난 혼자라면 고사하고 XX 명의 사원 운명을 맡고 있는 몸으로서……'라고 하는 말은, 경영난에 빠진 대표이사의 비통한 술회이자 채권자에 대한 읍소로써 사용되는 대사이다. 사욕을 채우고자 계획적으로 도산시키는 그런 대표이사 말고, 항상 사원들의 생활에 대해서 강한 책임감을 가지고 있는 경영자의 고통은 수십 배, 수백 배나 될 것이다.

게다가 그러한 것들을 등에 걸머진 채 난관을 헤쳐나간다는 것은 '배수지진(背水之陣)'을 치고 적의 대군을 맡아서 싸우는 대장처럼 장렬한 것이다.

자신을 사지에 빠뜨려 놓으므로 새로운 생을 얻는다

기원전 백여 년 전에 옛날 중국에서는 강국이 서로 대립하여 패권을 차지하기 위해 싸움을 계속하고 있었다.

한나라 제1대 황제인 유방은 먼저 위나라를 격파하고, 조나라를 향해서 진격해 나갔다. 이 싸움에서 이기면 마침내 중국 최강의 나라가 되어 천하 통일의 뜻을 달성할 수 있었기 때문에 대장인 한신은 열심이었다.

적을 맞아서 싸우는 조나라에서는 성채를 축성하고 좁은 산길에 정예군 20만을 배치한 후, 한나라 군대의 공격을 기다렸다. 조나라 군대의 장군 광무 군은 한나라 군대가 좁은 산길로 접어들 때 일제히 공격하여 전멸시키자는 제안을 했으나, 조나라 왕은 그 제안을 물리치고 끝까지 광야에서 결전하기로 했다.

한신은 조나라 군대 속에 잠복시켜 놓았던 첩자로부터 소식을 듣고 2천의 정병을 선발했다. 선발된 정병들의 손에 붉은 기를 들게 하고 조나라의 성채 가까운 산에 잠복시켜 놓았다.

그리고 약 1만 명의 병력은 강을 등지고 진을 치게 한 다음, 날이 밝기를 기다렸다. 날이 밝자 조나라 20만 대군은 한나라 군사가 강을 등지고 진을 치고 있는 것을 보고 비웃었다.

불과 1만 정도의 적군이 퇴로도 없는 강을 등지고 진을 치고 있는 것을 어리석은 짓이라 생각했기 때문이다. 근처 가까운 산길에 위치하고 있던 한신은 부하들과 함께 일제히 공격을 가했으나 대병력에 밀려 좀처럼 조나라 군대를 격파할 수가 없었다.

깃발과 군고를 버리고 퇴각하여 강을 등지고 있는 1만 군대와 합류했다. 성채에 있던 조나라 군대는 지금이야말로 한나라 군대를 전멸시킬 수 있는 기회라 생각하고 전군이 성을 뛰쳐나와 추격을 개시했다. 그러나 한나라 군대는 강을 등지고 있었기 때문에 퇴각할 수도 도망칠 수가 없었다. 한나라 군대는 죽기를 각오하고 방어를 했고, 결국 지칠 대로 지친 조나라 대군은 더는 싸울 수 없어 성으로 되돌아가야만 했다.

그러나 지친 조나라 군대를 기다리고 있는 것은, 성벽 위에 붉은 깃발을 세우고 있는 한신이 선발한 2천 명의 한나라 병사들이었다. 한신이 지휘하는 1천 군사들은 당황한 조나라 군대를 공격하여 마침내 조나라 군대를 대패시켰다.

전승을 축하하는 연회석상에서 한 부하 장병이 한신을 향해서 말했다.

"병법에서는 산을 등에, 물을 앞에 놓고 싸우라 가르치고 있는데 물을 등지고 싸워서 이긴 것은 무슨 까닭입니까?"

"이것도 병법의 하나다. 자신을 사지에 빠뜨려 놓으므로 새로운 생을 얻는다고 병법에 기술하고 있지 않은가. 아무튼, 아군은 병력도 적은 데다가 원정에 지쳤고 병사들도 각 지방에서 끌어모았기 때문에 어수선하여 통제도 되지 않았다.

이러한 군사들을 생지에 놓아둔다면 산산조각이 되어 패하고 말

앗을 것이다. 그래서 배수라고 하는 사지에다 진을 쳤으며 그 덕분에 처음으로 승리를 차지할 수가 있었다."

이러한 한신의 전략에서 '배수지진(背水之陣)'이라는 말이 생겨났다.

현혹 되었을 때는 망설이지 말고 나가라

수십 년 전의 일이지만, 이토라는 뛰어난 선생이 있었다.

관동대지진이 있는 오후, 긴자와 이마가와비시에서 양복점을 경영하고 있던 우루야 부부가 핏기없는 얼굴로 선생이 있는 곳을 찾아왔다. 점포가 모두 타고 말았는데, 지금부터 다시 재기하여 장사를 계속하려면 많은 돈이 필요하고 지금 모든 것을 팔아 없애버리면 70만 원이란 돈이 손에 남는다. 어느 쪽을 선택하는 것이 좋을지 궁리 끝에 이 문제에 대한 선생의 의견을 들어보고 나서 어느 쪽이든 결정해 보려고 찾아 왔다고 했다.

여기서 선생은 조용히 입을 열었다.

"만일, 당신이 지금, 상점을 그만둔다면 70만 원이란 돈이 손아귀

1923년 9월 1일 일본 간토에서
일어난 대지진

1923년, 12만 가구의 집
을 무너뜨린 대지진이 일
본 간토 지방에서 일어났
다. 사망자와 생사가 불
분명한 사람이 40만 명
에 달해 민심은 극히 혼
란스러웠다. 다음날 출
범한 '야마모토내각' 은
민심을 다른 데에 돌리기
위해 '조선인과 사회주
의자' 가 폭동을 일으키
려 한다는 소문을 조직적
으로 퍼뜨려 무고한 조선
인을 대량 학살했다.

에 남을지 모르나, 당신과 함께 일하고 있던 점원 3백 명은 모두 다른 장사로 흩어져 갈 수밖에 없다. 훌륭한 당신네 양복점을 찾아와서 함께 양복점을 발전시켜 보려고 했던 3백 명은 몇 년 동안이나 고생해 온 보람도 찾지 못한 채 산산이 흩어져 버리고 말 것이 아니오. 애석한 일이요. 그보다도 3백 명을 마츠야 양복점의 부흥을 위한 결사대로 양성하는 것이 좋을 것이요.

지금 말을 들으니 매입에 따른 결제는 3개월 후, 점포를 개점하면 매일 돈이 들어올 것이요. 그것을 3개월 동안에 3백 명이 최선을 다해서 움직이도록 하면 틀림없이 부흥에 대한 어떤 전망이 보일 것이요. 그러니 성공을 의심할 필요 없어요."

"앞으로 나갈 건가, 아니면 뒤로 물러설 건가의 망설임이 생길 때는 반드시 앞으로 나가는 것이 승리하는 것이야!"

마츠야의 주인은 그 선생의 말에 힘을 얻어 재기를 위해 전력을 다했고 그로부터 3년 후, 긴자 4정목에 장엄한 마츠야 백화점을 완성했다.

역경의 밑바닥에서 배워 얻은 것

이번에는 역경을 통해 성공한 대표적인 대표이사의 이야기를 해보자.

일본의 만주 진출이라는 파도를 타고 있던 초기에 고노다 시멘트는 한국·만주에 주력을 다 해 해외 65%, 국내 35%로 판매하였다. 외지의 공장은 내지의 낡은 공장과 달리 모두 현대식 시설이었다. 그 때문에 국내는 적자, 한국과 만주에서는 흑자 상태였다. 그런데 패전이 되고 말았다. 고노다는 외지에 있던 18개의 공장을 일거에 잃고 말았다.

그리하여 전통 있는 고노다 시멘트의 사명은 과거의 기록으로 남게 될 것이라는 것이 경제계의 일반적 관측이었다.

한국 고노다 시멘트의 총지휘관이었던 야스후치는 종전과 함께 북한의 포로로 끌려갔다. 그러나 북한에서는 그를 기술고문으로 정중하게 대해주고 북한 각지의 시설을 순회시켜 기술적인 조언을 해주기를 바랐다.

북한을 순회하면서 그들의 대단한 건설 의욕과 대규모의 군비 확장을 목격한 그는 반드시 한국을 무대로 전쟁이 시작될 것이라 생각했고, 전쟁이 시작되면 끝날 때까지 2년 정도는 계속되리라 예측했다.

약 1년 동안의 억류 생활을 끝낸 야스후치는 자신이 20년 동안 건설하고 경영한 공장들을 남겨둔 채, 맨몸으로 귀국해야만 했다. 그러나 그를 기다리고 있었던 것은 전쟁 협력자라는 낙인이었다. 이어서 경제계에서까지 추방되었다.

도쿄대학 공학부를 졸업한 이후, 뼈를 묻기로 결심하고 청춘을 불태우면서 일해 온 고노다 시멘트였다.

붕괴에 직면하고 있는데, 손 한번 못 쓰고 추방당한 그는 고향인 이와키의 한구석으로 가서 살 수 밖에 없었다. 시멘트와 함께 살아온 그가 한가한 시골에서 농부로 생을 마치고 말았다면, 과연 역사와 전통을 자랑하는 고노다 시멘트가 옛날 그대로의 모습으로 오늘날까지 계속되었을까?

최악의 사태를 뚫고 나갈 불굴의 투혼을 북돋아 주는 것

'전쟁도 끝나고, 네 개의 섬으로 이루어진 일본에서는, 지금부터의 시멘트 수요는 농촌 이외에는 없다. 과연 일본의 농촌은 지금까지 어느 정도의 시멘트를 사용하고 있는 것일까?'

그는 재빨리 자기 주위의 농가를 시작으로 하여 인근 농촌의 시멘트 소비량까지 조사해 보았다. 농가의 시멘트 필요량은 대체적으로 1호당 7.5톤 8톤이다. 이것을 전국 농가의 호수 618만 호에 더해 보면 4천 수백만 톤이라고 하는 숫자가 나온다.

' 더구나 공습에 의해서 모조리 파괴된 전국의 공장이나 도로를 이대로 내버려 두진 않을 것이다. 이것을 재건하려면 당연히 막대한 시멘트 수요가 있어야 한다.'

이런 강한 확신을 가지고 어두운 앞날 때문에 절망했던 그도 희망을 품고 미래의 광명을 바라볼 수 있게 되었다.

그러던 중 고노다를 재건할 수 있는 인재는 야스후치외에는 없다─ 는 회사의 일치된 의견으로 추방이 의외로 빨리 풀렸다. 2~3개월 동안의 농촌 생활을 마치고 그는 도쿄에 있는 본사로 복귀했다.

그는 대표이사의 중책을 맡았다.

거기다가 해외로부터 사원들이 계속 귀국해 왔다. 2천 명 이상이나 되는 종업원들을 어떻게 할 것인지가 새 대표이사에게 주어진 난제였다. 귀국해 온 사원 중에는 참담해진 고노다 시멘트의 실상을 보고 장래를 생각해 다른 곳으로 이직하는 사원도 속출하였다. 저절로 절반은 해결이 되었으나 나머지 절반에 대한 조치는 역시 고민거리였다.

모두가 혈육을 나누고 해외에서 일해 온 동지들이고 이름만 조금 남아 있는 고노다 시멘트의 깃발 아래로 다시 모여든 친구들이다. 이러한 사람들을 어떻게 해고할 수가 있단 말인가?

야스후치는 두 눈을 감은 채 단호한 결정을 내렸다.

"귀국한 동지들을 모두 수용하라, 고노다 시멘트가 과연 재건될 것인지에 대해서는 자신이 없다. 그러나 흩어질 때는 모두가 함께 흩어져 버리자, 그때까지 전 고노다가 한 덩어리가 되어 앞으로 나가는 수밖에 다른 방도가 없다"

그로부터 3년 후, 그저 무모하게 진군을 계속하고 있던 고노다 시멘트에 행운을 가져다준 것은 한국전쟁의 발발이었다.

1년 동안 북한 억류 생활에서 얻은 그의 예측이 여기서 크게 도움이 되었다.

"이 전쟁은 간단하게 끝나지 않는다. 이 좋은 기회를 놓치지 말고 전진 또 전진하라" 하면서 그는 공장의 정비와 확장을 서둘렀고 그 결과 불과 5년 만에 고노다 시멘트는 완전히 재건을 완성했다.

역경의 밑바닥으로 떨어져 보았기 때문에 이러한 약진의 토대를 구축할 수가 있었다. 이렇게 되니 북한에서의 억류 생활이 원망스럽지도 분하지도 않았다. 귀중한 경험을 가져다주었기 때문이었다. 추방을 당해 시골에 내려가 있었지만, 한가하게 자신의 불운만 탓하지 않았기에 불과 2~3개월 동안에 시멘트 계의 앞날을 확실하게 전망했던 것이다.

그에게 있어서 역경은 행운을 잡는 기회 이외에 아무것도 아니었다. 이처럼 참된 기업가의 정신은 최악의 사태에 빠졌을 때 불굴의 투혼과 함께 광채를 발하는 것이다.

그저 물러나면 그만이라고 생각하는 것은 책임 있는 행위가 아니다.

미래를 대비하지 않고 좋을 때만을 생각하여 대책도 없이 일만 진행한다면 회사가 곤경에 빠졌을 때, 적절한 조치를 취할 수 없게 된다. 단순히 물건이 잘 팔린다고 해서 설비 시설만 계속 갖추다 보면 어디선가 반드시 막혀 버리고 만다. 항상 전체를 생각하지 않으면 안 된다. 공장을 세우고, 원료를 매입하면 물품을 만들 수 있고 만들어진 물품은 판매하면 된다. 그러다 보면 언젠가 경쟁이 생기고 경쟁이 생기면 생산을 조정해야 하는 문제가 생긴다.

한계를 생각하지 않고 앞으로만 나가려고 하는 것은 무리수가 따르기 마련이다.

회사가 재기에 성공하려면, 처음부터 새롭게 해나간다는 초심을 잃어서는 안 된다. 그런데 회복을 하려고 애쓰다 보면, 지난날 경기가 좋았던 때를 생각하게 된다. 제로에서 다시 시작해야 한다는 것을 알고 있어도 잘 안 되는 것이다. 창업보다도 재건이나 부흥이 어려운 이유도 바로 여기에 있다.

옛날 좋았던 기준을 잘라 버리지 못하기 때문에 신규로 일을 진행해 나갈 수가 없다. 창업은 신규의 척도를 자신이 만들어 나간다. 바로 거기서 발놀림의 강약이 나타난다.

기업의 운영은 인간이 하는 것이다. 따라서 인격이 반영된다. 인격을 수양하지 않고 어떻게 기업의 운영을 올바르게 운영해 나갈 수 있단 말인가.

만약 회사의 경영 상태를 악화시켜서 그 책임을 지고 물러나는 경영인이 퇴직금을 받는다는 것은 기업가로서 쓰레기일 뿐 아니라 인간실격자이다.

그저 물러나는 것으로는 책임을 졌다고는 할 수 없다. 책임을 충분히 지고 깨끗하게 물러나는 것이다. 주식회사라도 사재를 제공하고 물러나는 깨끗한 마음이 있다면 어떠한 역경을 이겨내고 재기에 성공할 것이다.

13

남의 빚에
몰리고 있을 때

13
남의 빚에 몰리고 있을 때

필사적으로 지혜를 짜내어 이리의 이빨에서 몸을 지켜라

'돈이 없는 것은 목이 없는 것과 같다'라고 보는 사람이 있다.

사실 자본주의 사회에서 돈 없으면 살 수 없을 것 같지만, 당분간은 돈이 없어도 목이 있고 머리가 있는 한 돈은 다시 흘러들어온다.

역시 뭐라고 해도 붙어 있는 목이 없어지는 것보다는 낫다.

기업가가 경영이 힘들다는 것은 예외 없이 돈 문제이다.

막다른 곳에 이르더라도 돈만 풍족하게 있으면 새로운 방향으로 전환도 할 수 있고, 사람 문제도 돈으로 해결된다.

결과적으로 가장 무서운 것은 자금 부족이다.

자금이 부족하면 모든 방법을 다해서 돈을 빌린다. 그러나 돈을 빌릴 경우에는 아무리 다급하더라고 방법과 수단, 그리고 상대방을 잘 생각해 봐야 한다.

차용하여 쓴 돈은, 바로 그 돈이 의지를 갖고 있다는 것을 항상 잊지 말아야 한다. 아무리 선한 마음에서 차용해 준 돈이라 할지라도 그 기업을 속박하는 힘을 갖고 있기 마련이다.

더구나 악의가 내포되어 있는 돈이라면, 그 돈의 의지력으로 기업을 빼앗기는 일까지 생길 것이다.

아츠기 나일론에 미증유의 위기가 찾아 왔을 때, 이 회사는 머지않아 부도 날 것이라는 소문이 나돌고 있었다. 다행히 호리 대표이사는 만약의 경우를 대비해 자신이 준비해 놓은 회사 예금으로 위기를 벗어날 수 있었다.

기업이 만약의 경우를 대비해 자본을 준비해 놓는 것은 경영자로서 가장 중요한 것이지만, 그 준비 방법 또한 중요하다.

기업이 위기에 직면하던가, 또는 저돌적 경영으로 인해 자본이 잘 돌아가지 않을 경우, 중소기업은 은행에서 대출이 어렵기 때문에 과감히 사채업자에게 달려가게 된다. 한번 그런 자금을 쓰게 되면 그 안이함이 몸에 익숙해져 그것이 기업의 명줄이 되어 버리고 만다.

종업원의 입장에서 볼 때도 '이것은 자신을 위해서, 회사를 위해서 일하는 것이 아니라 고리대금업자에게 높은 금리를 주기

위해서 일하는 것이 아닌가?'

이렇게 되면 근로의욕도 생산성도 저하될 것이 당연하다.

차용금의 상대가 사채업자가 아니고, 신사라든가, 버젓한 기업가라고 해서 방심하고 있으면 차용금의 담보로 특허를 몰수당한 채 그대로 기업을 버리는 일도 있다.

전에 어느 유명한 사업가와 대담을 가졌을 때,

나는 온갖 고생을 해가면서 하나의 기업을 몇 년이나 걸려 육성하는 그런 바보스러운 짓은 하지 않는다. 장래에 유망하게 보이는 사업인데 자금이 좀 부족하여 운영이 잘 안 되고 있는 회사에 미끼를 던져서 빼앗는 것이 가장 재밌고 안전하게 돈을 버는 방법이다.

"설비도 잘되어 있는 데다 사람까지 갖추어져 있으니 새로운 자금만 투입하면 당장 내일부터 이익이 생긴다. 다른 사람이 몇 년이나 걸려서 궤도 위에 올려놓은 것을 그대로 빼앗는 것이 가장 현명한 방법이다"

정말 당연한 말이지만 무의식중에 가슴이 서늘해 옴을 느끼지 않을 수 없었다.

사회라는 것은 바로 그런 것이다. 배가 고픈 이리가 다음의 먹이를 입맛 다셔가며 기다리고 있는 것과 같은 것이 기업의 세계이다. 그런 사회 속에서 도산에 직면한 기업의 경영자는 뭔가 필사적으로 지혜를 짜내 이리의 이빨에서 자신을, 그리고 자신의 기업을 지켜나가지 않으면 안 된다. 이미 돈이 없는 것은 어쩔 수 없다. '돈이 없기 때문에 도산에 직면한 것이므로……'

그러나 자신의 머리 즉 '지혜'는 남아 있을 것이다.

기업의 대표이사로서 채권자나 거래처, 사원, 그 가족들에게 책망받는 것은 좀처럼 참을 수 없는 일이다. 정신이 나가는 것도 무리가 아니다. 그러나 그런 상황에서도 남아 있는 단 하나의 재산인 자신의 머리로 지혜를 짜내어 재기할 수 있는 올바른 길을 찾는 것이 경영자로서 책무라고 할 수 있다.

만약 인간의 머리처럼 일할 수 있는 기계가 있다면 모든 인간에게 다 주어지기도 전에 온 세상이 먼저 그 기계로 가득 차버리고 말 것이라고 한다. 그처럼 사람의 머리는 작은 용적에 복잡미묘하고 치밀한 사고 기계를 가지고 있다. 그런 뜻에서 어느 과학자가 각기의 두뇌는 지구상의 물질 중에서 '가장 고귀한 귀족과 같은 것'이라고 말했다.

자신 인생의 가장 큰 위기에서 귀족인 두뇌를 쓰지 않고서는 별다른 길은 없을 것이다. 힘껏 머리를 써서 위기를 극복해 나가는 것만이 경영자가 취할 수 있는 최선의 방법이며, 그것을 근성이라고 하는 것이다.

다음에 예를 드는 두 사람의 경영자가 얼마나 강한 집착을 가지고 차용금의 고통을 극복했으며 기업을 어떻게 되살려 놓았는지 그 피나는 행적을 살펴보도록 한다.

어떻게 해서라도 재기하지 않으면 - 라는 신념에 불타

오오이다현의 중농 집에서 태어난 오오이시 소년은 미래의 엔지니어가 되어 보겠다는 희망을 품고 공업학교에 입학하려고 할 때, 아버지가 급사하는 불행을 당했다. 하는 수 없이 펜 대신 괭이를 들고 밭일을 해가며 소년 시절을 보냈다. 본래가 다혈질인 그는 성격상 꾹 참고 농촌에서 일생을 보낸다는 것은 참을 수 없는 일이었다.

더구나 당시 불황의 물결이 슬슬 농촌에까지 스며들어 다꾸보꾸의 노래처럼 '일을 하고 또 해도 그저 나의 생활은 행복해지지 않으니 꾹 참고 손만 본다'라는 늪에 빠지게 되었다.

당시 만주에서는 좁은 일본 땅덩어리에서 벗어난 농민들이 신천지 개척에 헌신하고 있었다.

그 소식을 접한 오오이시 소년도 만주를 향해 떠날 것을 결심했다. 어머니의 반대를 물리치고 선조 전래의 논밭도 버리고 차오르는 웅지를 품고 마침내 만주로 건너갔다.

동경하고 있던 만철에 입사한 그는 동변도 개발사업에 종사하면서 마적들이 출몰하는 변경 일대를 누비면서 활약했다. 때에 따라 수십만, 수백만이라는 거액을 거래하면서 때로는 봉천이나 장춘의 홍등가에서 술에 취해 미인의 무릎을 베고 꿈을 꾸기도 했다. 오오이시 청년은 매일 그렇게 호쾌한 날을 보내고 있었다.

그러나 그런 생활이 3~4년이나 지속하고 있을 때, 그의 마음 속에 커다란 의념이 생기기 시작했다.

'처음 만주로 건너왔을 당시에는 앞날에 대한 희망이 충만하여 하루하루에 충실했었는데, 지금 돈이 좀 있다고 해서 향락에 빠져 적극적으로 살아보자. 향상해 보자고 했던 의욕은 이미 송두리째 없어지고 말았다. 이것은 완전히 타락한 것을 뜻한다.

이래서는 안 된다. 좀 더 자신의 힘을 한껏 발휘하여 자기 자신을 높은 곳으로 끌어올리는 일에 전념하지 않으면 안 된다.

이대로는 만주 땅에 묻혀서 중요한 일생을 버리고 만다. 다시 한

번 개과천선하여 충분히 공부하고 나의 힘을 훌륭하게 살려가는 일을 해보자!'

결국 '자신을 좀 더 소중하게 여기지 않으면 안 되겠다'는 생각에까지 미쳤다. 실행파이자 무모한 활동가인 그에게 있어서 이것은 커다란 자각이자 결실이었다. 자신의 인생을 내다보고 생각한 성과였다. 그렇게 결심이 서자, 과감하게 사표를 내고 상사나 동료들의 만류를 뿌리치고 일본으로 다시 돌아왔다.

중도에 귀국해 버렸기 때문에 금의환향이란 기분도 없이 샐러리맨 생활을 하면서 야간에는 고코쿠사라 공업학교 토목과에서 열심히 공부를 시작했다. 다행히 회사에서 연료 관련의 지식을 익혀 두었던 것이 있어서 중유, 석유, 탱크, 파이프에 사용되는 특수강 부품을 만드는 작은 회사를 설립하게 되었다. 만주 시대에 비해 형편없이 작은 거래액이었으나 자신의 사업이라 재미도 있었고 또 열심히 하지 않을 수도 없었다.

마침내 토건 회사 '오오이시구미'가 설립되었다.

오오이시구미는 당시에 석유업계가 공습에 대비하기 위해 공장 분산을 서두르고 있었는데, 그 공장들을 헐어내는 작업을 맡았다. 그런 사업을 하는 중에 전쟁이 끝났다. 전쟁이 끝나자 일본의 석유업계는 불이 꺼진 것처럼 쇠미했다. 대신 활발해지기 시작한 것이 비료산업이었다. 심각한 식량 사정을 해결하기 위해서는 비료의 증산이 긴급한 과제였다.

이때, 정부는 쇼와전공이 부흥금융 금고에서 거액의 융자를 받을 수 있도록 지원해주었다. 쇼와전공은 급격하게 사업이 발전하게 되어 가와자끼에 유안 공장을 건설하게 되었다.

오오이시구미는 그 공사를 맡았다. 그로 인해 쇼와전공의 '전속 건설업자'라는 지위에서 계속 큰 공사를 받을 수 있었다. 여기까지 끌어 올리는 것은 아무런 어려움도 없었다. 그러나 호사다마라는 말이 있듯이 쇼와전공에서 전후 최대의 부정 사건이 발생했다. 히노하라 쇼와전공의 경영진이 교체되고 정리절차에 들어가는 바람에 오오이시구미는 공사대금을 받지 못해 도산 단계에 이르고 말았다.

오오이시 대표이사는 자택까지 경매당해 남의 집 셋방 신세가 되고 말았다.

그러나 만주에서 마적을 상대로 담력을 키워 온 그는, 이런 일로서 허덕거리고 있을 사람이 아니었다. 그는 먼저 채권자들을 찾아다니면서 부채의 변제계획을 세우고 재건을 서둘렀다.

그러나 너무 무리한 탓으로 병석에 들고 말았다.

가구와 의류 등 돈이 될 만한 것은 모두 팔아서 가족의 식비로 충당을 했기 때문에 텅 빈 셋방에 누워 있는 그의 머리맡에는 빚쟁이들만 둘러앉아 있었다.

내일은 명절인데 떡국조차도 끓여 먹을 수 없었다.

고열이 내려가자 빚쟁이들이 다시 독촉하기 시작했다. 그는 빚쟁이들을 향해 헛소리처럼 같은 말을 되풀이하고 있었다.

'나는 빚진 돈은 반드시 상환한다. 그러나 지금 당장 갚으라고 하는 것은 무리다. 좀 더 시간을 달라. 부탁한다!'

마치 지옥과 같은 이 상황에서 어떻게 해서라도 재기해야 한다. – 고 하는 일념이 더욱 강하게 불타올랐다.

세상의 냉정한 눈빛을 견디며

필사적으로 편성한 그의 재건 계획은 오오이시구미의 유일한 재산으로 남아 있는 기재들을 처분한 돈으로 새로운 회사를 만들어 지면이 있는 사업가로부터 주문을 받아 간단한 토목공사를 시작한다는 것이 최종안이었다.

돈이 마련되자 그것을 자본금으로 하여 고요 건설공업을 설립했다. 그는 지면이 있는 사람들을 찾아다니며 참새 눈물만큼의 일을 수주했다.

그리고 그 주문서를 가지고 그의 주 채권자였던 은행을 찾아가 지점장과 무릎을 맞대고 담판을 했다.

이 일을 마치면 그만큼의 이익으로 남아 있는 빚을 갚을 것이니 다시 한번 사업 자금을 빌려줄 것을 간곡하게 설득했다.

은행에서 볼 때, 일을 주문한 곳이 신용할 수 있는 회사나 공장이었다. 그리고 그렇게 하지 않으면 무일푼의 그로부터 남은 빚을 받아낼 수 없었기 때문에 어쩔 수 없이 울며 겨자 먹기 식으로 소요의 자금을 대출해 주었다.

떨어질 대로 떨어진 운명이 다시 떠오를 때가 찾아온 것이다.

은행으로부터 재융자받은 돈을 유일한 운전자금으로 삼아 그는 필사적으로 일을 했다.

그러나 사업이 순조롭게 나갈 때는 누구도 즐거운 마음으로 손을 빌려주나, 한번 실패의 고배를 마셨던 그를 보는 세상의 눈빛은 냉혹했고 비정했다. 그런 눈빛 속에서도 이를 악물고 더욱 버티어 나갔다. 그리고 겨우 재건의 전망이 보이기 시작하자 석유 통제가 철폐되고 그가 전전에 깊은 인연을 맺고 있던 석유업계가 겨우 점화되면서 활발하게 타오르기 시작했다. 석유업계에 오래 잠재해 있던 그의 지반이 겨우 빛을 볼 수 있는 시기가 온 것이다.

'일양내복(一陽來復))' 즉, 궂은 일이 걷히고 좋은 일이 돌아왔다.

그는 하늘이 준 이 은혜에 무척 감사하게 생각했을 것이다.

각종 유조, 화학기계 장치의 제작, 배관 공사, 교량 가설공사와 고요 건설 공업의 사업영역은 해마다 확대되어갔다. 욧가시(市)의 석유 콤비나트를 시초로 각지의 콤비나트 건설 사업에 출발했던 회사가 엄청난 자본금을 갖는 기업으로 성장하기에 이르렀다.

무일푼의 밑바닥에서 생각할 일

남의 돈으로 출발하여 여러 차례의 실패에도 굴하지 않고 고투해 온 이또 씨는, 미에현 욧가시 근처의 도미다라는 곳에서 해산업을 하는 집안의 독자로 태어났다. 16세에 아버지와 사별하고 모친 쪽으로 먼 친척이 되는 오사카의 해산물 상점에서 일을 하고 있었는데, 자신이 하고 있는 일이 너무나 재미가 있어 독립을 해보고 싶었다.

참고만 있을 수 없어 20세 때에 아는 사람으로부터 돈을 빌려

김과 맛김을 만드는 제조업을 시작했으나 모두 실패로 끝나고 말았다.

쇼와 연대 초에는 돈가스나 비프스테이크가 요릿집에서나 먹을 수 있는 고가의 음식이었다. 그 때문에 많이 먹을 수 없었지만, 그 후로 점점 가정에서 카레라이스나 크로켓의 재료로 사용하는 경향이 생겼다. 그리하여 도쿄, 오사카 등지에서는 고깃집에서 한 장에 10만 전을 받는 돈가스를 만들어 팔게 되었다.

그러자, 아이들도 생선이나 채소보다는 고기 맛을 좋아하게 되었다. 거기다 샌드위치가 보급되고 있었기 때문에 햄이나 소시지도 대중화가 되기 시작했다.

이런 식생활에서 미각의 변화를 재빠르게 알아낸 이또는, 대를 이어온 해산물 식품의 판매에서 육류를 재료로 하는 식품가공업으로 전환하는 것만이 시대에 적응할 수 있는 길이라고 생각했다. 그래서 부진한 상태에 놓여 있던 오사카의 상점을 처분한 돈을 출자자에게 지급해 주고 자기는 맨몸으로 상경했다.

친지라고는 단 한 명도 없는 도쿄의 야마타니의 싼 여인숙에 짐을 맡겨 놓고 채소가게의 심부름꾼, 그리고 얼음 배달꾼으로 전전하며 겨우 목에 풀칠했다.

여인숙에서 편안하게 지내보고 싶은 마음도 있었다. 그러나 그의 마음을 채찍질하고 있는 것은 오로지 육류식품 가공업을 경영해 보고 싶은 재기의 희망뿐이었다.

그는 죽기 살기로 일하여 드디어 1년 후, 약간의 돈을 저축할 수 있게 되었다. 이것을 계기로 '권토중래(捲土重來)' 즉, 한번 쇠퇴된 세력이 다시 회복되어 의지가 불타기 시작하는 것처럼 다시금 동해도를 서쪽으로 – 쇠고기의 본고장인 고베를 목표로 길을 떠났다. 그러나 아무래도 얼마 되지 않는 돈으로는 육류를 가공 할 수 있는 서라를 마련하기에는 부족했다. 그는 다른 곳에서 돈을 차용해 우선 어육 소시지 가공을 시작해 보기로 했다.

제품은 단번에 오오마루 등의 백화점에 납품을 했는데, 오늘날처럼 셀로판이나 크로 필름과 같은 포장재료가 없었기 때문에 고기가 자주 상해 반품이 속출했다.

그가 볼 때는 글자 그대로 단장의 아픔이었으나 어쩔 수 없이 매일 밤 7~80킬로나 되는 반품된 물품을 자전거로 운반해 바다에 버려야만 했다.

갓 결혼했을 당시 아내의 지참금까지 사업에 투자했으나 퇴세는 만회되지 않고 끝내는 눈물을 머금고 폐업하고 말았다.

30도 채 되지 않은 젊은 가슴속에는 오로지 사업의 재기와 제품 개량에 의욕이 치솟아 오르고 있었지만 호주머니 속에는 1원도 없는 상태였다.

자금을 잃은 사업가의 비애는 날개 잃은 독수리와 같았다. 그는 무일푼의 신세가 되어 실의의 밑바닥에서 앞으로 자기가 살아나갈 길을 필사적으로 생각했다.

자기의 운명을 내걸고

실패의 모든 원인이 기술의 불충분함에 있었다는 것을 통감한 그는 일을 해가면서 좀 더 공부하는 일 이외에 다른 길이 없다고 결심했다. 그리고 몸에 익혀 두고 있는 식품가공 기술을 살려 고베의 통조림 공장의 지도기사로 들어갔다. 여가를 이용하여 각지의 공업시험소, 도서관에서 식품 화학, 물리화학의 응용법을 열심히 공부했다.

아버지의 죽음으로 고등 소학 이상의 학력이 없는 그로서는 이 필사의 공부로 대학 이상의 기술을 완전히 습득한 계기가 되었다. 두 번의 사업에서 다른 사람의 돈을 빌려 피를 본 경험이 있는 이또는 다음 사업에서는 남의 돈에 절대 의지하지 않고 자신이 할 수 있는 범위 내에서 새 출발을 해보리라는 굳은 결심을 했다. 얼마간의 여유가 생기자, 그것을 자본 삼아 세 번째 사업에 자기의 운명을 걸고 새 출발을 했다.

고물상에서 도구를 사들였고 고기를 기계로 가는 민지 기계는 부근에 있는 생선묵 집에서 빌렸다. 그리고 자기가 살고 있는 작은 집을 공장으로 해서 생산에 착수했다. 한 개 10돈쭝밖에 안되는 작은 소시지를 만들어 그것을 셀로판으로 싼 후, 부엌에 있는 가스레인지 위에 알루미늄 솥을 올려 그 안에 넣어 익혔다. 그리고 그것을 배낭 속에 넣어 오사카 시내의 식당을 돌면서 팔았다.

다년간 고심을 하면서 연구한 성과 덕분에 맛이 좋았고, 직접 판매를 하기 때문에 품질도 신선했다. 거기다 한 개씩 팔기 때문에 셈도 쉬웠다. 서비스로 맛도 조절해 준다는 약속을 지켜 주었기 때문에 장사는 아주 잘 되었다. 한 개 50원인 코스트의 물건을 300원에 팔기 때문에 이익도 충분했다. 그 결과 사업 자금이 그의 손에 모이게 되었다. 그는 오래전부터의 숙제였던 볼로니야 소시지 제작에 착수했다. 비로소 앞을 내다볼 수 있게 된 것이다. 기뻐한 것도 잠시, 전쟁이 더욱 격화되어 식량 사정은 긴박해졌고 육류를 소시지 재료로 사용할 수가 없게 되었다.

어쩔 수 없어 쉽게 살 수 있는 상어와 돌고래 등의 어육을 가공하여 제조하고 있었다. 그런데 호의적으로 주선 받은 육류 재료 문제로 경찰에 끌려가게 되었다. 육류의 출처를 밝혀 주면 돌려보내 준다고 했으나, 호의적인 입장에서 육류를 주선해 준 상대를 자신의 말 한마디로 쇠고랑을 차게 만들 수는 없었다.

나만 입을 열지 않으면 그 사람이 곤란에 처하지 않을 거리고 생각한 그는 42일간이나 전쟁 중의 고된 유치장 속에서 모든 것을 참아 나갔다.

전쟁이 가열해짐에 따라 모처럼 유망해진 사업을 울며 겨자 먹기로 폐업 시킨 그는 군수공장의 가재 계로 징용을 가게 되었다. 그는 대공습으로 직격탄을 맞아가면서도 기적적으로 살아났다. '전쟁에 이겨서 훌륭한 햄이나 소시지를 만들 수 있는 날이 올 때까지 나는 절대로 죽지 않는다'라는 그의 기력이 목숨을 구해 낸 것이나 다름없다.

마침내 전쟁은 패전으로 끝이 났다. 그의 의욕은 더욱 치열하게 불타고 있었다. 다년 동안 열망해 오고 있던 일을 실현할 수 있는 날이 왔다. 우선 고베에 주택을 확보하고 불탄 자리에서 민지를 파냈다. 페퍼로 녹을 닦아내고 타버린 모터를 수리해서 소시지 제조에 착수했다.

그러나 돈육, 쇠고기뿐만 아니라 토끼 고기마저 매입할 수가 없었다. 있는 것이라고는 배급용의 상어고기뿐이었다.

악취로 인해 꽁무니를 빼고는 누구도 인수하려 하지 않는 것을 인수해 암모니아를 무해의 산으로 중화시켜 가열 탈취시켜 보았다. 솥에 찌면서 눈을 뜰 수 없을 정도의 악독한 냄새였으나 탈취한 상어의 소시지는 식량난 때라 날개 돋친 듯이 팔려나갔다. 이 방법이 주효가 되어 효고현에서 식량난 해결에 도움이 된다고 하여 중요 민수 사업으로 지정해 주었다. 그 때문에 재료를 용이하게 입수할 수 있어 돈이 마구 쏟아져 들어왔다.

드디어 그는 주식회사 이또 햄을 탄생시켰다.

그리고 식량사정이 호전됨에 따라서 육류 햄이나 소시지 제조도 시작하고 통조림 가공까지 실현하게 되었다.

이또 대표이사에게 있어 청년 시절의 실패와 피를 말리는 듯했던 역경의 시기는 오늘의 이또를 있게 한 것이다.

Do Not Borrow
Money,
Borrow
Wisdom

돈을 빌리지 말고,
지혜를 빌려라